臺灣歷史與文化 研究輯刊

五 編

第 6 冊

戰後南鯤鯓代天府的發展與演變

邱湘惠 著

花木蘭文化出版社

國家圖書館出版品預行編目資料

戰後南鯤鯓代天府的發展與演變／邱湘惠 著 — 初版 — 新北
市：花木蘭文化出版社，2014〔民 103〕
目 2+168 面；19×26 公分
（臺灣歷史與文化研究輯刊 五編：第 6 冊）
ISBN：978-986-322-638-3（精裝）
1. 寺廟　2. 民間信仰　3. 臺南市
733.08　　　　　　　　　　　　　　　　103001762

ISBN-978-986-322-638-3

9 789863 226383

臺灣歷史與文化研究輯刊
五　編　第　六　冊　　　　　　　ISBN：978-986-322-638-3

戰後南鯤鯓代天府的發展與演變

作　　者	邱湘惠
總 編 輯	杜潔祥
副總編輯	楊嘉樂
編　　輯	許郁翎
出　　版	花木蘭文化出版社
社　　長	高小娟
聯絡地址	235 新北市中和區中安街七二號十三樓
	電話：02-2923-1455 ／傳眞：02-2923-1452
網　　址	http://www.huamulan.tw 信箱 hml 810518@gmail.com
印　　刷	普羅文化出版廣告事業
初　　版	2014 年 3 月
定　　價	五編 24 冊（精裝）新台幣 48,000 元

戰後南鯤鯓代天府的發展與演變

邱湘惠　著

作者簡介

邱湘惠，台南人。國立臺北教育大學台灣文化研究所碩士。熱愛台灣文化和所有舊事物。著有期刊論文〈日治時期臺‧日混血兒的文化認同──以《陳夫人》中的清子為例〉〈物以「西」為貴?!──從王禎和《美人圖》看西方文化對台灣價值觀的影響〉、〈戰後南鯤鯓代天府的組織型態與經營管理〉等。

民間信仰一直是常民文化裡非常重要的一塊，影響著多數人的生活習慣，基於對鄉土的熱愛，選擇以南鯤鯓代天府為研究對象，透過對於廟宇過往歷史的爬梳，讓人得以重新認識自己的故土。

本論文寫作期間曾獲財團法人愛鄉文教基金會提供之「紀念蘇添水先生南瀛學 ─博碩士論文研究獎」獎助，特此銘謝。

提　　要

台灣寺廟在過去的開發史中佔有極重要的地位，幾乎有人群的地方就會有廟宇存在，因此也可以說，廟宇與地方的發展，有著「血濃於水」之密不可分的關係，甚至在步入現代化且凡事講求科學之目前社會環境，廟宇的發展並未因此而衰退甚或消滅，隨著「社區總體營造」之政策的推展，廟宇與那些以其為中心而展開的各式民俗活動，反而被視為當今最重要的文化資產，甚至有諸多學者更將廟宇視為推展社區活動的重要管道。有王爺總廟之稱的南鯤鯓代天府，戰後以來即成為王爺信仰的指標，每年王爺誕辰期間，總會帶來為數可觀的進香人群，此盛況可謂為台灣宗教之盛事。然目前以南鯤鯓代天府為主體的研究卻非常稀少，多將之視為王爺信仰的附屬品，故本文擬以南鯤鯓代天府為研究對象，並討論以下幾大問題：第一，討論其戰後人事組織與管理型態的改變；第二，討論其祭典儀式的功能與意涵；第三、討論其分靈廟宇的發展與跨廟宇間的整合；第四，討論其觀光發展情形。本文希望透過這幾個面向的討論與整合，建構出戰後南鯤鯓代天府的發展輪廓。

本論文寫作期間曾獲

財團法人愛鄉文教基金會

「紀念蘇添水先生南瀛學──博碩士論文研究獎」獎助

目

次

表目次

圖目次

第一章　緒　論

第一節　研究動機與目的

（一）動機

　　早期渡海來台之移民，面對無可預測的未來心中不免有所恐懼，爲了安撫內心對於茫茫不可知的異域所產生的不安感，總會自原鄉帶來香火或神像做爲精神上的寄託，也因此特殊的發展背景，島上廟宇遍布，密度極高。寺廟則可視爲民間信仰最重要的載體，不管是具體的神像、廟宇的建築與雕刻、匾聯與碑文、以廟埕爲展示空間所呈現的各式廟會等，都蘊含了濃厚的民間信仰之價值體系。

　　寺廟的建置與發展，普遍被認爲與移墾社會的環境背景、人群特質有關。學者專家對台灣寺廟發展概況之各時期劃分各有所本及見地，故對其稱謂亦有所不同，日人增田福太郎將其區分爲：1. 移民渡台時期、2. 社會成立第一期（村落草創期）、3. 社會成立第二期（部落構成期）、4. 社會成立第三期（新社會成立期）；﹝註1﹞劉枝萬將其分爲：1. 先民開創時期、2. 庄社構成時期、3. 庄社發展時期、4. 城市形成時期；﹝註2﹞李乾朗將其分爲：1. 渡台期、2. 農業期、3. 商業期、4. 城市期；﹝註3﹞黃慶生則將其分爲：1. 鄭成功治台至清末時期、2. 日據時期、3. 台灣光復以後。﹝註4﹞前三者主要依其社會經濟發

﹝註1﹞增田福太郎著，黃有興譯《台灣宗教信仰》（台北：東大，2005）頁99〜108。
﹝註2﹞劉枝萬《清代台灣之寺廟》（台北：文物出版社，1975）。
﹝註3﹞李乾朗《台灣的寺廟》（台中：台灣省政府新聞處，1986）。
﹝註4﹞黃慶生《寺廟經營與管理》（台北：永然文化，2000）頁65〜73。

展概況對寺廟發展之影響做分類標準，而黃氏則以政治上的變異作爲時間斷限依據。在傳統社會的發展歷程中，每個時期有每個時期的需求，因爲在信徒心裡對於信仰的需求也會隨著發展腳步的改變而有所異同，因此在寺廟的建置原因與發展上也會因此而受到不同程度之影響。

此外，也因爲移墾人群來自不同原鄉，台灣民間所供奉的神祇類型種類亦非常繁雜，以廟宇奉祀爲主神者爲例，在大正八年（1919）日人丸井圭治郎的《台灣宗教調查報告書》中，數量居於前十位的神祇分別爲：福德正神、王爺、天上聖母、觀音佛祖、玄天上帝、有應公、關聖帝君、三山國王、保生大帝、三官大帝；昭和十五年（1940），在日人增田福太郎的《台灣の宗教》中，前十名的廟宇主神依次爲：福德正神、王爺、觀音佛祖、天上聖母、玄天上帝、關聖帝君、三山國王、保生大帝、釋迦佛、有應公；戰後，劉枝萬在民國四十九年（1960）所做的調查，分別爲：王爺、觀音佛祖、天上聖母、福德正神、釋迦佛、玄天上帝、關聖帝君、保生大帝、三山國王、中壇元帥；民國八十一年（1992），在《重修台灣省通志》中的統計，台灣廟神排行榜前十名順序則爲：王爺、觀音佛祖、天上聖母、釋迦牟尼、玄天上帝、福德正神、關聖帝君、保生大帝、三山國王、中壇元帥。在這些不同年代的調查中，王爺都名列前茅，其中尤以台南縣的王爺廟數量最多。〔註5〕

表 1-1　台灣廟宇主祀神前十名統計表

丸井圭治郎	增田福太郎	劉枝萬	台灣省文獻委員會
大正八年	昭和十五年	民國四十九年	民國八十一年
1919	1940	1960	1992
《台灣宗教調查報告書》	《台灣の宗教》	〈台灣省寺廟教堂名稱主神地址調查表〉	《重修台灣省通志》
福德正神	福德正神	王爺	王爺
王爺	王爺	觀音佛祖	觀音佛祖
天上聖母	觀音佛祖	天上聖母	天上聖母
觀音佛祖	天上聖母	福德正神	釋迦牟尼
玄天上帝	玄天上帝	釋迦佛	玄天上帝

〔註5〕謝宗榮〈台灣廟會文化的持續與變遷——以台南縣王船祭典爲例〉（台北：博揚文化，2006）頁 23～24。

有應公	關聖帝君	玄天上帝	福德正神
關聖帝君	三山國王	關聖帝君	關聖帝君
三山國王	保生大帝	保生大帝	保生大帝
保生大帝	釋迦佛	三山國王	三山國王
三官大帝	有應公	中壇元帥	中壇元帥

　　位於台南縣北門鄉的「南鯤鯓代天府」，民國五十八年（1969）被前台灣省政府核定爲「台灣省宗教紀念觀光區」，民國七十年（1981）又被行政院文建會評列爲二級古蹟，做爲一座國定二級古蹟，〔註6〕本身即具有豐富的歷史內涵與文物；此外，亦有學者稱其爲「王爺總廟」〔註7〕，使得台南縣同時有「王爺的故鄉」之說。南鯤鯓代天府每一個香期都是人山人海，絡繹不絕，其一年有四個主要進香潮，分別爲農曆四月廿六日、六月十八日、八月十五日和九月十五日，其高潮多在是日的前一天至五天，「鯤海香潮」更被譽爲昔日南瀛八景之一。〔註8〕

　　在台灣漢人的社會發展中，廟宇一直佔有非常重要的地位。台灣漢人多爲早期自中國移民來台，落足之後首重生計之發展。大凡未經開發之區域，其自然環境不適人類居住，早期從事開墾者率多死於非命，明末清初時台灣即屬此種狀況。而鄉村寺廟與土地開發之關係，先基於宗教之需要，

〔註6〕黃文博《南鯤鯓》（台南：南鯤鯓代天府管理委員會，1992）頁24。1981年，行政院文建會評列爲「台閩地區第二級古蹟」，1997年精省後古蹟僅分「國定古蹟」與「縣定古蹟」二級，故南鯤鯓代天府直接升格爲「國定古蹟」。

〔註7〕劉枝萬〈台灣之瘟神信仰〉，收於氏著《台灣民間信仰論集》（台北：聯經，1983）頁229。

〔註8〕昔日南瀛八景主要有：「關嶺雲岩」、「珊瑚飛泉」、「虎山泛月」、「茱溪漱石」、「青潭圳聲」、「曾橋晚照」、「綠汕帆影」、「鯤海香潮」；2006年，爲推動台南縣觀光的發展，提升地方經濟、生活品質和環境，由台南縣觀光協會所主辦、中華民國地區發展學會負責執行，於該年11月23日選出「新南瀛勝景」，共計選出「八景、八勝、三園」。「八景」爲草山月世界、新化老街、曾文溪口黑面琵鷺賞鳥區、七股潟湖（含鹽場）、梅嶺休閒農業區、菱田舟影、鹽水蜂砲與八角樓、關子嶺（大仙寺、碧雲寺）。「八勝」則爲虎頭埤風景區、走馬瀨農場、烏山頭風景區、麻豆代天府與池王府、總爺藝文中心、曾文水庫、南鯤鯓代天府、蓮田飄香。「三園」則分別爲南元農場、尖山埤江南渡假村、烏樹林休閒農場。資料來源：地方行政研習 e 學中心公共論壇，http://oldforum.fegts.com.tw/posts/list/18105.page#117854（最後瀏覽日期：2009/11/06）。

建廟以祈求神之保佑，凝聚共同社區意識，再者爲祈求農作之豐收，或遇上外來壓力，則藉神力以求克服，故寺廟的建設性功能首重社區意識之凝聚。

　　清初以降，滿清政府因爲異族入主，爲消弭反對意識，常通令各地方政府宣講各式頒諭以廣教化，其內容多爲勸人守份盡忠明理尚義，或針對社區實行鄉約制度。〔註9〕由於鄉約宣講之地多在寺廟人多之處，久而久之，寺廟無形中成爲社區的精神堡壘，人們對寺廟的認知從宗教性功能擴充至社會性功能。而在民間械鬥發生時，寺廟亦脫離不了關係。由於寺廟多半位於聚落中心，多成爲居民作戰、防禦要地，舉凡和、戰諸事，皆由鄉紳街耆於廟中商定；械鬥進行中，壯丁悉出，婦孺老幼皆遷至廟中予以保護，使戰士無後顧之憂而勇於作戰，若戰事不利則全村退至寺廟以自全。例如台北市士林芝山岩惠濟宮原爲漳人所建，奉祀開漳聖王，咸豐年間漳泉械鬥時，該廟四周建築石牆，牆上開孔以便防禦打擊進攻之敵人，此係寺廟之有形防禦功能。〔註10〕

　　由以上可知，台灣的寺廟與地方社區具有密切的連帶關係，居民之祭祀的、社會的、心理的、娛樂的需求都在這裡得到滿足；居民與社區之歷史的、心理的連帶，也藉著村廟的活動而建立起來。〔註11〕因此，廟宇可視爲一個地方的「公共領域」（public sphere），地方頭人、望族、仕紳、名流等領導階層喜歡介入寺廟各種活動與組織的管理使用，希望藉此以拓展自己的財富、勢力，這些固然是鄉紳效力桑梓之回饋，同時更是鄉紳支配地方社會的主要管道或領域之一。〔註12〕然而，隨著時代的變遷，廟宇的角色扮演是否有所異同？在現代社會裡究竟扮演了什麼樣的角色？又透過什麼樣的管道來取得自身的定位？這是令筆者感到好奇之處，故本研究企圖透過對南鯤鯓代天府個案的探討，從管理者、祭祀活動、各式社會活動之參與、媒體和商業等各種複雜的互動關係，來討論與分析南鯤鯓代天府在現今社會裡的各項功能與意義。

〔註9〕蔡相煇《台灣祭祀與宗教》（台北：台原出版社，1989）頁175、183～184。
〔註10〕卓克華〈台灣寺廟對地方的貢獻〉《台北文獻》（第38期，1976/12/15）頁192。
　　　　許雅惠〈在鄉村社區發展過程中傳統宗教的角色與功能〉（台北：國立台灣大學社會學研究所碩士論文，82學年度）頁61～62。
〔註11〕林美容《台灣人的社會與信仰》（台北：自立晚報，1993）頁162～164。
〔註12〕卓克華《從寺廟發現歷史——台灣寺廟文獻之解讀與意涵》（台北：揚智文化，2003）頁8。

（二）目的

　　廟宇在漢人社會的發展過程中，始終佔有極重要的地位，它可以是一個地方的信仰中心，也可以是經濟中心或政治中心，具有多重的角色，而每一間廟宇也都會透過不同的方式來增加「香火」，或藉此提高自身在社會上的影響力，或許是「信仰活動」，也或許是「神蹟傳說」。南鯤鯓代天府遠在日治時期就已是一間名聞遐邇的廟宇，香潮期間的諸多盛況從歷代文人的筆墨與所保存的《台灣日日新報》中即可略見一二，戰後的南鯤鯓代天府更發展成為一間分靈廟遍及海內外的觀光廟宇，筆者選定此議題，試圖整合關於南鯤鯓代天府的研究，並建構南鯤鯓代天府戰後的發展歷程。

　　基於以上動機與想法，本論文之研究目的主要如下：

1. 透過對廟宇的經營與管理之探討，說明管理成員如何經營管理南鯤鯓代天府，如何利用廟內所擁有的相關資源，來重新建構廟宇的角色。
2. 討論並分析南鯤鯓代天府戰後所舉辦的各式信仰活動所含括的意涵，並討論其分靈廟在各種祭典活動中所扮演的角色與彼此的互動關係。
3. 說明在現代社會中，廟方如何運用「鯤鯓王」這個傳統信仰符碼，與文化、媒體和商業等各項網絡，共構互利的資源網絡。

第二節　文獻回顧

　　目前可見的廟宇研究主要可從兩個面向來談，一是寺廟與民間信仰的研究，一是寺廟與村史的研究。近幾年來，因為社區整體營造的推展，亦有不少研究者視廟宇為一整合社區的重要公共空間，嘗試以其作為社區發展之重要切入點。然而，不管是寺廟與民間信仰亦或村史的研究，對其相關背景的掌握都是非常重要的。有關寺廟與民間信仰的研究，戰後的重要研究者，初期有李添春、劉枝萬、林衡道和李亦園等，中後期則有林美容、張珣、宋光宇和李豐楙等人，王見川在其〈台灣民間信仰的研究與調查——以史料、研究者為考察中心〉〔註13〕一文中對此部分有詳細的介紹。在寺廟與村史的發展方面，許多學者利用公共空間、權力網絡等概念做為研究的切入點，卓克

〔註13〕王見川〈台灣民間信仰的研究與調查——以史料、研究者為考察中心〉，收錄於張珣、江燦騰合編的《當代台灣本土宗教研究導論》（台北：南天，2001）頁 82～125。

華的《從寺廟發現歷史——台灣寺廟文獻之解讀與意涵》〔註14〕一書即採用
此概念,透過個別寺廟的沿革,點出和地方發展之間的關係。此外,神明的
相關研究亦非常豐富,不管是媽祖、王爺、三山國王亦或土地公等,皆有相
當的研究成果,其中尤以媽祖的研究成果最為豐碩。以上資料雖然有許多都
與本論文無直接關係,但是透過對前人研究成果之閱讀,可以提供筆者相當
多的基礎資料與研究方向,以下則針對與本論文較有直接關係的相關研究來
討論。

　　林勝俊的《台灣寺廟的職權與功能之研究》〔註15〕和黃慶生的《寺廟經
營與管理》〔註16〕二書,從政策的角度切入,針對寺廟的經營管理與運作方
面有一完整的論述,可作為本研究第一章人事管理研究的基礎資料。

　　目前針對南鯤鯓代天府有較多研究與著述者非黃文博莫屬,黃文博目前
是台南縣鹽水鎮坔頭港國小的校長,本身出身於鹽分地帶,本著對鄉土的一
股熱忱,積極進行田調,對於西南地區的民俗調查和研究都有一定的成果,
而南鯤鯓代天府的諸多文宣、沿革與活動記錄亦多出自其手,是目前針對南
鯤鯓代天府研究較為深入者。其〈王爺的子民——南鯤鯓代天府組織與分析〉
〔註17〕一文對於南鯤鯓代天府的內部運作提供了重要的相關資料,雖然只是
粗略介紹,但卻對筆者在此部分的思考有很大的助益,也提供了諸多可供討
論的切入點。而〈台南縣西南沿海地區的廟會形態與特色〉〔註18〕一文分別
從「進香與香期」、「繞境與刈香」和「清醮與王醮」三個部分,針對西南沿
海地區信仰活動進行之概況作一討論與分析。對本文之信仰的實踐與傳播部
分提供了珍貴的資料與思考面向。

　　王見川的〈光復前(1945)的南鯤鯓王爺廟初探〉〔註19〕一文主要以日
治時期的《台灣日日新報》作為撰述依據,大量引用史料,使筆者對於南鯤

〔註14〕 卓克華《從寺廟發現歷史——台灣寺廟文獻之解讀與意涵》(台北:揚智文化,
　　　　2003)。
〔註15〕 林勝俊《台灣寺廟的職權與功能之研究》(台北:文史哲,1988)。
〔註16〕 黃慶生《寺廟經營與管理》(台北:永然文化,2000)。
〔註17〕 黃文博〈王爺的子民——南鯤鯓代天府組織與分析〉,收於氏著《台灣風土傳
　　　　奇》(台北:台原,1989)頁67〜72。
〔註18〕 黃文博〈台南縣西南沿海地區的廟會形態與特色〉《南瀛文獻》(第32卷合刊,
　　　　1987/6)頁132〜145。
〔註19〕 王見川〈光復前(1945)的南鯤鯓王爺廟初探〉《北台通識學報》(第2期,
　　　　2006/3)頁94〜105。

鯓代天府在日治時期的發展有一初步的了解，雖然本論文以戰後作爲研究起點，但對於一間擁有三百多年歷史的古蹟廟而言，今日所見之面貌絕非一夕可成，對其在各時代發展的相關背景之掌握也是相當重要的，此文可作爲本論文撰寫上的基礎背景知識。

洪瑩發的〈南鯤鯓代天府相關傳說研究——以廟方資料爲中心的初探〉〔註20〕一文主要針對廟方的傳說作爲討論分析的對象，文中亦提及，這些傳說故事雖然在一般寺廟的行政管理與組織運作上不具任何作用，但卻是整個廟宇信徒聚合力的主要來源，因此作者認爲透過「靈驗經驗」和神蹟傳說在信徒間的口耳相傳，是有效傳播五王信仰的主要途徑，此外，五王信仰的神蹟亦曾被拍攝成電影和電視劇，現代化媒體的傳播亦有助於信仰的傳播。這些資料對於本論文之撰寫皆提供了許多思考的面向。

盛業信的〈從台灣王爺信仰的演變與發展，試談台灣民間宗教關懷與現代生活之關係——以南鯤鯓代天府爲例〉〔註21〕一文主要從觀光的角度切入，認爲南鯤鯓代天府身爲國家二級古蹟，在各方面都擁有相當多的資源，若配合雲嘉南國家風景區的發展，致力於觀光事業的開拓，不僅可以保護西南濱海土地的自然風貌，更可創造就業機會，改善人口外流的情形，提升居民的經濟水準。此切入點提供本論文在「傳統廟宇觀光化」的議題上諸多參考意見。

除了上述所提及的諸篇期刊論文，由南鯤鯓代天府管理委員會所出版的的眾多出版品，亦提供本研究相當豐富的參考資料與線索，例如由黃文博主編的《榔槺山傳奇——南鯤鯓文化祭》〔註22〕，主要記錄了民國八十一年二月十四日至十六日在南鯤鯓代天府所舉行的「南鯤鯓文化祭」，此活動乃由台南縣立文化中心策畫，配合南鯤鯓代天府榔槺山莊落成啓用所辦理的宗教文化活動。吳永梱主編的〈南鯤鯓代天府戊申建醮紀念特刊〉〔註23〕則記錄了

〔註20〕 洪瑩發〈南鯤鯓代天府相關傳說研究——以廟方資料爲中心的初探〉《花蓮教育大學民間文學研究集刊》（第 2 期，2007/11）頁 25～46。

〔註21〕 盛業信〈從台灣王爺信仰的演變與發展，試談台灣民間宗教關懷與現代生活之關係——以南鯤鯓代天府爲例〉《宗教哲學》（第 35 期，2006/2）頁 116～130。

〔註22〕 黃文博編《榔槺山傳奇——南鯤鯓文化祭》（台南：南鯤鯓代天府管理委員會出版，1993）。

〔註23〕 吳永梱編《南鯤鯓代天府戊申建醮紀念特刊》（台南：南鯤鯓代天府管理委員會出版，1971）。

自康熙元年建廟以降三百年來的第一次建醮活動，配合萬善堂的落成，於民國五十七年舉行了三百年醮，稱為「南鯤鯓代天府五府千歲建廟三百週年紀念舉行慶成祈安五朝清醮暨萬善堂落成大典」。南鯤鯓代天府管理委員會編印的《泰國暹羅代天宮晉殿安座儀典專輯》〔註 24〕和《泰國暹羅代天宮甲申建醮志》〔註 25〕也為海外分靈廟宇的成立提供了相關的參考資料。

目前針對南鯤鯓代天府王爺信仰及其廟宇發展之研究仍相當匱乏，比起大甲鎮瀾宮與大甲媽祖輝煌的研究成果，可說是小巫見大巫，但是透過對大甲媽祖相關研究之文獻的閱讀，仍提供了筆者相當多的思考面向與切入點，尤其是長年研究大甲媽祖進香的張珣所提出的「文化媽祖」概念，有助於筆者從文化的角度作思考。在學位論文方面，洪瑩發所撰寫的〈戰後大甲媽祖信仰的發展與轉變〉〔註 26〕一文，將「大甲媽祖」視為一可變動之符碼，分別從其信仰載體「鎮瀾宮」、進香、信徒、政治、兩岸和媒體與商業等諸面向去探討戰後「大甲媽祖」的發展與演變，對於本研究具有啟發性之影響。

第三節　研究範圍

本研究以「南鯤鯓代天府」為研究議題中心，舉凡是與其相關的宮廟、管理者、儀式、信徒、媒體和商業等，都是筆者研究的相關素材，筆者將以這些素材進行分析。時間斷限是以戰後民國三十四年至九十八年，主要原因乃南鯤鯓代天府戰後始成立管理委員會，整間廟宇的組織化管理與經營也從委員會成立後才開始，基於此，筆者以戰後為此論文之討論起點。

第四節　研究方法

一間存有三百多年歷史的古蹟廟，勢必有非常豐富的文獻與研究資料，因此本研究在實地訪查之前，必得先對南鯤鯓代天府的時空背景，有一定程度的掌握，這方面，筆者預計以各種方志、專書、報章雜誌、廟方沿革與文

〔註 24〕南鯤鯓代天府管理委員會編《泰國暹羅代天宮晉殿安座儀典專輯》（泰國：泰國暹羅代天宮管理委員會，1994）。

〔註 25〕南鯤鯓代天府管理委員會編《泰國暹羅代天宮甲申建醮志》（泰國：泰國暹羅代天宮管理委員會，2006）。

〔註 26〕洪瑩發〈戰後大甲媽祖信仰的發展與轉變〉（台南：國立台南大學台灣文化研究所，93 學年度）。

宣、期刊論文和學位論文等資料的閱讀，作為田野調查前的預備工作；此外，對於廟宇所坐落的台南縣北門鄉之地理背景的發展，亦是應當掌握的基本資料，從台灣的發展史來看，可以發現村落的發展，常常以村廟做為中心而向四方開展，南鯤鯓代天府早在移墾社會之初就已被建造，因此南鯤鯓代天府的發展勢必與其周遭地理環境有著休戚與共之關連，從南鯤鯓代天府廟地的三次易地改建〔註27〕即可見出端倪，因此，北門鄉發展和台南縣志相關資料之閱讀亦可視為此研究的基本工作。對於南鯤鯓代天府的時空背景都有一定程度的了解與掌握之後，進行本研究較為重要的部分，即田野調查，預計訪談的對象有現任與過去歷任總幹事和資深幹部，據筆者目前所掌握的資料，南鯤鯓代天府自成立管理委員會至今，內部管理階層之幹部幾乎都是固定班底，除了職務上有所調動，基本上都是同一批人在掌管廟務，因此這幾名較資深的成員為本研究的重要訪談對象；此外，各地較為重要的分靈廟之管理幹部亦在預計訪談名單中，目前可掌握的資料有兩個由信徒組成的組織，分別是「代天宣化行善團」和「台北五王聯誼會」，這部分較為詳細之資料必須透過廟方方能取得，故須在和廟方接洽過後才能有進一步動作。綜合上述，本研究有三個基本大方向，而其它細節乃根據這三個主幹發展而成，流程如下圖所示：

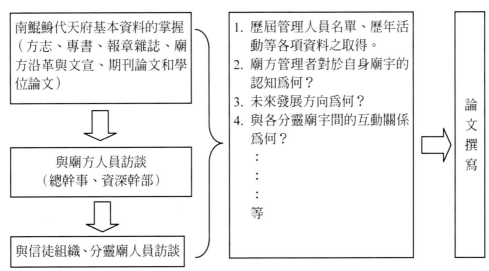

〔註27〕　在整個南鯤鯓代天府代天府的發展史上，依建廟過程劃分，可以分為三期：第一期、鯤鯓山草創期，1662～1817；第二期、槺榔山開創期，1817～1923；第三期、槺榔山擴建期，1923年以後。參見黃文博《南鯤鯓》（台南：南鯤鯓代天府管理委員會，1992）頁14。

訪談法

訪談法就是研究者尋訪、訪問被研究者並且與其進行交談和詢問的一種活動。訪談是一種研究性的交談,是研究者通過口頭談話的方式從被研究者裡搜集第一手資料的一種研究方法。訪談是本研究中另一種重要蒐集資料的方式,是一種有目標的研究性對話,在訪談之中,研究者與受訪者在共同「建構」社會現場的過程。

第五節　預期成果

台灣寺廟在過去的開發史中佔有極重要的地位,幾乎有人群的地方就會有廟宇存在,因此也可以說,廟宇與地方的發展,有著「血濃於水」之密不可分的關係,甚至在步入現代化且凡事講求科學的目前社會環境,廟宇的發展並未因此而衰退甚或消滅,隨著「社區總體營造」之政策的推展,廟宇與那些以其為中心而展開的各式民俗活動,反而被視為當今最重要的文化資產,甚至有諸多學者更將廟宇視為推展社區活動的重要管道。南鯤鯓代天府在南部一直是間名聞遐邇的重要王爺廟,戰後更有朝觀光發展之趨勢,然而對於以「南鯤鯓代天府」為主體之寺廟研究卻非常稀少,多半將其視為王爺信仰的附屬,然而,信仰活動雖是廟宇存在的最主要功能,但卻非唯一,因此,筆者認為若要了解一間廟宇之發展與演變,勢必得將其視為一獨立個體,而非依賴於神祇信仰之附屬品,故本文希望透過各個面向的討論與整合,能夠建構出南鯤鯓代天府戰後的發展情形。

第二章　南鯤鯓代天府的創建
及其管理組織

　　曾有學者將「南鯤鯓代天府」比喻爲台灣王爺總廟，[註1] 每年進香潮可爲地方引進破百萬名的進香客，此盛況可謂爲台灣宗教之盛事，其分靈、分香廟宇更是遍佈全台海內外。一間香火鼎盛的廟宇，除了其神蹟是最主要的關鍵之外，廟方管理者的角色亦不容輕忽，管理者對於寺廟的經營與管理方式，將引導整間寺廟的走向，靈蹟往往是抽象的個人體驗，唯有靠著具體的人力去操作與經營，鼎盛的香火才有持續不斷的機會。因此，本章第一節主要先對南鯤鯓代天府的傳說與創建作一介紹與敘述，第二節則針對南鯤鯓代天府戰後管理組織的變遷、當時的參與人員以及重要的相關事件作一討論與分析，試圖探討南鯤鯓代天府內部組織變革過程中，是否帶來其他影響。

第一節　廟宇的建置與傳說

（一）台灣寺廟建置的背景與動機

　　社會歷史事實一再表明宗教現象是一種社會現象，是一定社會歷史階段的產物，不同的宗教現象與各自不同的社會歷史背景相關聯，[註2] 台灣島上大小廟宇數量之多，分布密度之高，理所當然也有其生成歷史與背景。十三世紀開始，閩粵沿海居民即開始移民澎湖，明清之際，中原板蕩，從中國抱

〔註1〕劉枝萬《台灣民間信仰論集》（台北：聯經，1990）頁 230。
〔註2〕戴康生、彭耀《宗教社會學》（台北：世界宗教博物館基金會，2006）頁 142。

著政治理想或經濟企求，移民大舉來台者，一波又一波。漢人守鄉固土的觀念相當濃厚，這種家族、鄉土的觀念，使得漢人除非有重大事因，否則是不輕易離開家鄉遷徙他處。〔註3〕他們之所以願意冒險移民台灣，自有其原因，然而不管是因為政治、社會亦或經濟因素，多半是已面臨無以為生的窘境才會選擇鋌而走險。

　　早期渡海工具除了針盤與帆船外，並無精密儀器，台灣海峽風浪又大，尤其是颱風季節與冬天，然而為了尋求生存空間，實在別無他法。面對神秘險惡又危險莫測的黑水溝和生死未卜的茫茫前程，這些移民者只能將生命財產訴諸於神靈的庇佑，多數移民者都會自原居地以「分靈」或「分香」的方式，迎奉神像在身邊，時時保護，以安定徬徨無助的內心，於是神靈便成為這些移民堅強其心志的最佳依靠與心靈支柱。若僥倖平安抵達台灣，基於感激神恩的心理，便將當初虔誠祈求而來的神像、香火或神符，供奉在當初登陸或是安家落戶的地方，早晚祀之，等到生活有所進展改善，便集資興宮立廟。〔註4〕

　　台灣居民從中國來台之初，大體上面臨三個問題，除了前述之航海技術外，尚有瘟疫和番害等問題。清初以前，台灣大半地區林木茂密，毒蛇、害蟲、瘴氣、潮濕等皆有害人體健康，而且海上交通多阻，醫藥缺乏，醫師少有來台，其使乍履斯土者易生疾病，難以適應，也因此外在環境衛生所致，台灣的瘟神王爺和醫藥之神保生大帝崇拜就特別興盛。〔註5〕台灣早期民間社會對於瘟神信奉，向來極為虔誠，常以封爵的「王爺」尊稱，余光弘在其〈台灣地區民間宗教的發展〉一文中就曾指出：

> 地方不靖奉請王爺鎮壓為整個王爺（瘟神）崇拜最重要的宗教動機。
> 昔時環境衛生不佳，惡疫時行，科技水準不高，水旱災害頻仍，在
> 無法用人力對這些災禍瘟疫做有效的對抗時，民間常會尋求超自然
> 的救濟。……早期王爺之傳播性極強，由於王爺船的漂泊，會僅由
> 神媒宣告王爺的抵達，往往就在日後產生一座王爺廟。〔註6〕

〔註3〕鄭國忠《從媽祖看民間信仰》（台北：橄欖文化事業基金會，1986）頁19～24。

〔註4〕莊芳榮〈台灣地區寺廟發展之研究〉（台北：中國文化大學歷史研究所博士論文，75學年度）頁20。

〔註5〕林勝俊《台灣寺廟的職權與功能之研究》（台北：文史哲，1988）頁10～11。

〔註6〕余光弘〈台灣地區民間宗教的發展——寺廟調查資料之分析〉，收錄於瞿海源《台灣宗教變遷的社會政治分析》之附錄一（台北：桂冠，1997）頁609。

而瘟神廟之建置，乃配合漢人社會之發展步驟，迨乾隆間已見普遍成立，沿西部海岸，一路北上，竟抵台北，〔註7〕其分佈以台南沿海、澎湖一帶最為稠密，雲嘉、高屏次之。

隨著時間的過去，移民入台的漢人日漸增多，除了必須面對原本的瘴癘問題之外，還要處理與原住民和新移民者的資源分配問題，移民來台者原就分佈於各個不同的省份，一旦移民定居者的人數越來越多，同一祖居地的移民往往結成群體，而同鄉的民眾往往亦崇拜相同的鄉土神明，這一鄉土神明很快就成為團體結合的象徵。此外，清領時期的台灣，大小械鬥屢見不鮮，而械鬥的發生往往來自於利益的衝突，寺廟的興建，除了可以作為信仰上的有形載體外，同時也可以作為交際團結的活動中心，不僅滿足了對內的團結需求，也解決了對外的防衛機制。〔註8〕這種因地緣關係所形成的廟宇，無疑地具有相當濃厚的鄉土色彩，在當時的移民社會裡，扮演著相當重要的角色。

嚴格來說，早期民間社會興建寺廟的動機，多半不脫祈求平安與豐收兩大要素。當這些移民墾荒者經過幾年篳路藍縷的奮鬥後，逐漸地穩定下來，社會秩序也慢慢上軌道，城鎮市集跟著逐漸形成，生活形態也從最初的開拓荒野時期，慢慢進展到農村構成期，繼而進入聚落發展時期，一個正常的社會於焉出現。隨著村莊的日漸發達，市街形成之後，民間經濟也有了變異，地主仕紳商賈等無形中掌握了社會領導的地位與影響力，這些人多半也是發起醵資興建廟宇的主要人物，至此，寺廟的運作往往也就包括了各方權力的滲透。

（二）南鯤鯓代天府的建置及其傳說

南鯤鯓代天府俗稱「南鯤鯓代天府」，是位於台南縣北門鄉鯤江村的一座全台性大廟，主祀李王、池王、吳王、朱王和范王等五府千歲，「五府千歲」則又稱五王或鯤鯓王，每年王爺祭期間，來自各地的進香人潮甚為可觀。

台灣的王爺信仰種類非常的駁雜，依照各學者之研究成果主要可分為瘟神說、厲鬼說、英靈說和鄭成功說等類，而劉枝萬即曾以瘟神系統為例，指

〔註7〕劉枝萬〈台灣之瘟神信仰〉，收於氏著《台灣民間信仰論集》（台北：聯經，1983）頁229。

〔註8〕卓克華〈台灣寺廟對地方的貢獻〉《台北文獻》（第38期，1976/12/15）頁189～190。

出寺廟建置的原因，並將其整理歸納出以下幾種因素：〔註9〕

1. 墾民渡臺之際，隨帶香火或神像前來，暫供於民宅後予以建廟。
2. 由於漂流物之偶然性而導致建廟。
3. 由於奇蹟獲得崇信而建廟。
4. 由於靈顯而建廟。
5. 生前武藝高強或橫行鄉曲之土霸，陣亡或枉死，懼其作祟，祀爲王爺而建祠。
6. 由天然物崇拜脫胎。

其中，第 2 點所指之漂流物即所謂的王船。施放王船的習俗來自於除疫的祭祀活動，在台灣爲三年、五年或十二年舉行一次，但多數沒有定期，僅在五穀豐登之年偶有神明示意才舉辦，或者瘟疫猖獗的時候，由神明示意而舉行。在建醮的時候，裝飾帆船載上王爺神像或令牌，並在各神像上寫出王爺的名字，如蘇府、池府等，船上載有糧食和其它器物，號稱王船。在放出王船時都要先擲筊詢問王爺欲遊天河還是地河，天河是將王船焚燒，地河才是將王船漂放海中。〔註10〕王船流放於海上或予以焚化的風俗，在閩、粵地區頗爲盛行，稱爲「送瘟」，〔註11〕目的在「趕走瘟疫、放逐死亡」。在醫學不發達，瘟疫頻傳的年代，爲祈求消除災禍，於祭拜瘟神後，以紙糊的船，恭送瘟神出海，象徵送走瘟神、免於死亡威脅，而王船泊靠的地方，居民爲免除災疫，則須撿拾設醮再送走，如此循環，王船信仰與王船祭典活動日漸盛行，而早期王爺廟多建置於西南沿海，主要原因亦是受王船儀式之影響。

　　中國建醮酬神之王船，因風向與海流因素，海漂至台灣西南沿海一帶，爲當地居民所撿拾，因此「撿拾海漂王船」的傳說普遍見於台灣西南沿海一帶的王爺廟，而南鯤鯓代天府即爲一例。南鯤鯓代天府創建於清初時期（1662），因創建於台灣開闢初期，故亦有「開山廟」之稱。而關於五王信仰如何傳至台灣，有著如下的傳說：

　　　　相傳，明末清初，台南縣海岸線伸入內陸，鐵線橋港、茅港尾港、
　　　　麻豆港等三港分佈於倒風港之內線，而其外線即點綴北鯤鯓、南鯤

〔註 9〕劉枝萬〈台灣之瘟神信仰〉，收於氏著《台灣民間信仰論集》（台北：聯經，1983）頁 229。

〔註10〕鈴木清一郎著、馮作民譯《臺灣舊慣習俗信仰（增訂）》（台北：眾文，1989）頁 643。

〔註11〕劉枝萬《臺灣民間信仰論集》（台北：聯經，1991）頁 231。

鯓、北門嶼、青鯤鯓等沙汕。少數漁民為便利出海，夜宿沙洲上草寮，習以為常。某夜，月色皎潔，風平浪靜，麻豆街新店漁夫楊世鄉者，適宿距南鯤鯓西方約 2 公里之草寮，忽聞管絃之聲，出寮視之，毫光燭天，見三檣之帆船一艘，徐徐進港。天明，遂往探望，只見一無人小彩船停靠港墘，登船察看，則有六座綢製神像，始知該彩船係福建地方建醮放海者，以為王船到此，定有吉兆，予以挽起，經半個月，蓋草寮於附近沙丘鯤鯓山（址在今蚵寮西北），供奉神像，每出海漁撈，先詣頂禮膜拜，必滿載而歸，或祈癒病，無不應驗，遠近傳聞，香火建盛。於是，漁夫為答神恩，籌建廟宇，而經費無著，只得稍予建醮，次日恭送王船出港，聽其漂往他處。時值退潮，又兼北風，王船順流而下，漂向南方，霎時，忽見船舵轉北，逆流而回，仍停靠原處，眾咸嘆神威顯赫，並無他徙之意，乃挽起仍置草寮，依舊瞻拜，信徒益增。該王船進港水道，因而號稱王爺港。其建醮放船的地方，相傳是福建湄洲，或云泉州晉江縣富美地方。船內神像六尊是五府王爺以及隸祀之將軍爺，或云當時神像係用紙糊製者；又傳當時船內除六尊綢製神像外，另有木材一根，分成六段，每段均刻五王姓氏及將軍爺，備作雕像之用，亦被挽起保存。〔註12〕

文中明白指出，南鯤鯓代天府五府千歲及將軍爺乃乘王船自中國漂流而來至台灣，也說明了南鯤鯓代天府最初的型態為一草寮。此段「五王乘王船來台，鯤鯓草寮建廟」之傳說，說明了五王信仰在台傳播之肇始。

　　有廟就有傳說，有神就有神話，尤其是「廟越老傳說越雜，神越靈神話越多」，南鯤鯓代天府建置於清初時期，距今已有三百多年的歷史，因此從其發展出來的神話傳說之數量自不在話下，而這些神話故事正好也反映了南鯤鯓代天府的變遷歷程。在南鯤鯓代天府的發展史上，依其建廟過程劃分，可分為三個時期，分別是：① 鯤鯓山草創期（1662～1817）、② 槺榔山開創期（1817～1923）和③ 槺榔山擴建期（1923 以後）。〔註13〕

　　南鯤鯓代天府的每個發展時期，都有幾則關於當時建廟的傳說，而清初

〔註12〕劉枝萬〈台灣之瘟神廟〉，收於氏著《台灣民間信仰論集》（台北：聯經，1983）頁271～272。
〔註13〕黃文博《台灣民間信仰見聞錄》（台南：台南縣立文化中心，1988）頁58～59。

首次建廟的傳說，則說明了五王何以選擇鯤鯓山作為首要之落腳處：

> 相傳五王之所以選定南鯤鯓這座海汕，作為登陸台灣第一站，乃是
> 因為南鯤鯓在地理風水屬「浮水金獅活穴」，由三件寶物鎮守而成，
> 這三件寶物分別為「百年白馬鞍藤」、「白榕欖樹」和「石井崙」，這
> 三件寶物各有各的功能。「百年白馬鞍藤」指揮急水溪盲龍出海，且
> 其生於海底，根藤纏縛密佈的「白馬鞍藤頭」亦具有水土保持及讓
> 海水變淡的功能、「白榕欖樹」則引導急水溪至海面，使鯤鯓山免除
> 山洪之侵，而「石井崙」旁的烏金石是漁民汲水之踏板，相傳可避
> 水氣，並防海水倒灌。〔註14〕

由以上傳說可以知道，由於鯤鯓山在地理上屬「浮水金獅活穴」，成為五王擇
地而居的重要因素。然不久後此處風水即遭人破壞，導致必須另覓新地重建
廟宇。而關於風水遭破壞亦有如是之傳說：

> 有一天從遠方來了一位和尚，食宿廟裡。據傳此位和尚曾有破戒行
> 為，遭五王譴責，因而懷恨在心，這次聞知五王建廟南鯤鯓，特地
> 前來破壞報復。利用夜深人靜，將廟後「白榕欖樹」砍倒，並偷走
> 其心而去。不久紅毛番（荷蘭人）又盜走「烏金石」，及掘取「白馬
> 鞍藤頭」，致使南鯤鯓地理風水盡遭破壞，山崩海嘯，鬼哭神號，山
> 洪暴發，南鯤鯓海汕就這樣慢慢被海水吞噬。〔註15〕

從以上之敘述，可以了解南鯤鯓代天府從鯤鯓山遷移至槺榔山的原因，其中
傳說成份雖濃厚，卻也可從中發現其所隱含的地理變動與海線變遷，或許也
透露出當時民眾對於大自然的想像。而在移往槺榔山之開創時期，亦有多則
建廟傳說，其中五王大戰囝仔公最為人津津樂道：

> 五王顯靈，親自起駕擇地於槺榔山的虎峰，即今廟地：相傳虎峰地
> 屬「虎穴」，穴脈規模有二尺直徑，四季不生露水，大雨不溼其地，
> 是為上上地理。但，五王未卜「虎穴」前，槺榔山已為附近居民所
> 尊稱的「囝仔公」所佔。……雙方互不相讓，由爭吵轉為武鬥，「囝
> 仔公」召集陰兵陰將與五王展開一場神鬼大戰，……幸賴赤山巖佛
> 祖，請託天上聖母暨學甲慈濟宮保生大帝出面調解，才告平息。雙
> 方定下契約：一是到代天府參拜者，亦必至囝仔公處參拜，二是五

〔註14〕 黃文博《南鯤鯓》（台南：南鯤鯓代天府管理委員會，1995）頁12～13。
〔註15〕 黃文博《南鯤鯓》（台南：南鯤鯓代天府管理委員會，1995）頁13。

　　王要代囝仔公建小廟，三是互相協助，以期南鯤鯓香火旺盛。而現
　　在三王吳府千歲的神像額頭有一道傷痕，據傳是當年那場大戰所留
　　下的英勇標幟，廟方曾請工匠修補，都未能成功。〔註16〕

現今，至南鯤鯓代天府參拜的信徒，都不會忘記至後方的萬善堂向萬善爺表
示敬意。廟方即表示，曾有進香團至南鯤鯓代天府進香參拜時，忘了順道至
萬善堂參拜，當天進香儀式結束，準備打道回府時，遊覽車一直無法發動，
後經旁人提醒，才趕緊至萬善堂上香表示敬意。〔註17〕雖無法印證此事件之
發生是否與傳說有所關連，但類似的靈蹟卻足以再次強化此傳說的靈驗性，
並增強其真實度。除此之外，另有兩則與建廟相關的傳說，亦時常被傳述，
一是李府千歲至福州採購建廟木材，一是托夢信徒協助建廟：

　　相傳，建廟之時，大王李府千歲曾大顯神通，化為蒼老漁民，化金
　　紙為白銀，在福州買杉、泉州購石、漳州沽磚瓦，並租船運回南鯤
　　鯓，當杉、石、磚、瓦運抵南鯤鯓，引起四方信眾的驚駭，神靈顯
　　赫，轟動遠近，信徒紛紛捐獻，巍峨廟宇，很快地建築起來。〔註18〕

　　嘉慶廿二年（1817）年丁丑二月晦日開始新廟的建築工程，人神合
　　作，卯力進行；然而工程浩大，資材缺乏，無以為繼。正愁眉不展
　　之際，適有麻豆民婦郭鳳官，受五王托夢乘坐烏轎前來，捐獻白銀
　　一千兩，工程乃告順利進行，而於道光二年（1822）壬午六月六日
　　竣工，前後六年。廟成，援發跡舊地「南鯤鯓」之名，稱「南鯤鯓
　　代天府」，以示傳承。〔註19〕

新廟歷時六年完工，鯤鯓王完成遷廟儀式後，一直到大正九年（1920），因廟
宇年久失修，北門庄王謀等人乃有擴建之議，經三年募捐，款項達三十萬，
逐於大正十二（1923）年二月一日進行「不動爐位，增高擴寬」之工程。此
工程一直到昭和十二年（1937）二月才全部竣工落成，前後長達十五年，在
此工程中，計增建中軍府、城隍衙、天公壇，娘媽殿，即今日之廟貌。〔註20〕
　　台灣的宮廟在詮釋該廟的歷史和香火時，皆各有一套「圓說」方式，而
且隨著不同的時代，以及不同的主事者，也各自不斷地產生不同的解說，不

〔註16〕黃文博《南鯤鯓》（台南：南鯤鯓代天府管理委員會，1995）頁14～15。
〔註17〕訪問南鯤鯓代天府公關組吳易銘組長，2009/7/15。
〔註18〕吳新榮〈南鯤鯓代天府沿革〉《南瀛文獻》（第12期，1967）頁3。
〔註19〕黃博文《南鯤鯓》（台南：南鯤鯓代天府管理委員會，1992）頁17。
〔註20〕黃文博《南鯤鯓代天府》（台南：台南縣政府，1995）頁17。

論各宮廟所賴以運用的資源如何，共同特徵是靈驗傳說的盛行，各廟皆一再的建構和詮釋其與靈驗相關的各種論述。〔註21〕從上述我們可以發現，南鯤鯓代天府從最早的鯤鯓山，到後來遷居槺榔山的三個發展歷程，出現多則關於建廟的傳說，而這些傳說又不脫廟地風水之說，例如鯤鯓山在地理風水屬「浮水金獅活穴」，而槺榔山的虎峰地屬「虎穴」，四季不生露水，大雨不淹其地，是為上上地理。這些傳說在某個程度上說明了信徒對信仰的認知與想像，也透過傳說的傳播間接賦予廟宇存在的合理性，〔註22〕而寺廟則透過這些傳說來說明其廟歷史之久遠與靈驗。

（三）五府千歲與萬善爺的背景資料

由上述南鯤鯓代天府建置的相關傳說可以知道，南鯤鯓代天府事實上是由一大一小的廟宇所組成，大廟是以奉祀五府千歲為主的「南鯤鯓代天府」，小廟則是以祭拜萬善爺（俗稱囝仔公）為主的萬善堂。

五府千歲分別為大王李府千歲、二王池府千歲、三王吳府千歲、四王朱府千歲，和五王范府千歲。根據古閩史貽輝的《五府千歲略傳》所載，五王皆為隋末唐初人，隋朝楊廣（煬帝）君臨天下，荒縱無道，繇役頻興，賦稅繁苛，民不堪命，於是聚集為盜，天下大亂，烽火遍燃中原。李、池、吳、朱、范五人，彼此志趣相投，結為生死之交。他們眼見半壁江山，遍地哀野，不惜變賣家私，賑恤百姓，執起干戈抵禦盜賊，保鄉衛國。西元 617 年，唐高祖入關，諸公相率歸之。武德初年，高祖派五王鎮守土門，諸公擅用兵法，兵不血刃，平定胡人的擾亂。高祖聞之大喜，召李大亮為金州總督司馬，不久擢遷安州刺史，池、吳、朱、范等四人，並授中郎將，折衝都尉。五府千歲歷經唐高祖、唐太宗，在在為國為民，屢建功勳，天下百姓謳歌頌德。唐書以仁、忠、智、略、勇、義、孝、禮諸事褒揚諸公。〔註23〕

〔註21〕黃美英《台灣媽祖的香火與儀式》（台北：自立晚報，1994）頁 82。
〔註22〕此處的合理性乃指，為何鯤鯓王選此地而不擇他處？乃是因為此處之風水為上上之選。例如草創期的傳說中曾提及：「漁夫為答神恩，籌建廟宇，而經費無著，只得稍予建醮，次日恭送王船出港，聽其漂往他處。時值退潮，又兼北風，王船順流而下，漂向南方，霎時，忽見船舵轉北，逆流而回，仍停靠原處，眾咸嘆神威顯赫，並無他徒之意……」王船逆流而返的主要原因其實在於氣候與洋流因素，但先民卻將其解釋為無他徒之意，除了反映出當時民智未開，尚無法理解大自然作用外，亦反映出民眾對於信仰的想像與認知。
〔註23〕涂順從《南瀛古廟誌》（台南：南縣文化，1994）頁 10。

大王李府千歲俗名李大亮，涇陽人，文武雙全，為五王之首，由於輔助開國有功，唐高祖封賜為金州總管司馬，不久又加封安州刺史。唐貞觀年間，先後出任交州都督、涼州都督、西北道安撫大使、劍南道巡省大使、左衛大將軍、工部尚書等職，晉爵武陽公。貞觀八年（634）李大亮領兵征伐吐谷渾的番兵番將，貞觀十五年（641）又大敗番將篩延陀，受封為行軍總管。

李府千歲為唐代立了不少功勞，也幫助建立不可動搖的唐王國。由於功在社稷，李大亮在朝廷是一位受人尊敬的名將，又因為父母早已過世，平日在家侍奉兄嫂如同父母，傾盡家產幫助需要的百姓，可以說是一位十全十美的聖賢。

根據《唐書》記載，李大亮是唐代的開國功臣，由金州總管晉升到行軍總管，對唐初穩定政局貢獻良多。他不但忠君愛國、體恤百姓，又有君在臣在、君亡臣亡的偉大情操，在唐高祖駕崩之後，竟追隨唐高祖於九泉之下。相傳玉皇上帝知聞李大亮之事，乃敕封祂為代天巡狩，駐守人間，擁坐王船，巡狩四方，以驅疫除瘟，聖稱為大王李府千歲，農曆四月二十六日為其聖誕千秋。

二王池府千歲，姓池名夢彪，陳留人氏，文質仁心，天資聰穎，性情剛直，治軍嚴正，用兵如神。唐高祖入關時，因助唐開國有功，授封中郎將、折衝都尉。貞觀 17 年（643），隨唐太宗親征高麗國，勢如破竹，又加封為宣威將軍。

池府王爺是一位文質彬彬的神聖，其外貌為金身黑臉造型，眼大如豆，看起來威嚴無比。相傳池府王爺某夜夢見一位瘟神，奉玉帝旨令下凡降災、散佈瘟疫，池王知道此事後，便請這位瘟神到府中飲酒暢談。瘟神暢飲之後，已有幾分酒意，乃吐露下凡之意，池王心腸慈悲，害怕百姓受災，託言借看藥粉，趁瘟神不注意時將那包瘟疫粉全部吞下。藥粉進入池夢彪腹中，藥性發作，隨即滿臉變黑，兩眼突出而亡。瘟神帶著池夢彪的靈魂參見玉帝，玉帝感念祂愛民救民的精神，敕封祂為代天巡狩池府千歲，農曆六月十八日為聖誕千秋。

三王吳府千歲，姓吳名孝寬，江蘇吳縣人，志烈秋霜，嫉惡如仇，對地理風水，非常有研究，又會觀星望斗，文業武功受眾兄弟的敬仰。由於幫助唐高祖開國有功，授封「中郎將」，不久又高中進士，奉命出任知府，愛民如子，深得唐高祖的器重。繼封吏部尚書，經常教導百姓開墾圳溝，引水灌溉田地，當時的人稱讚吳孝寬為「眼望天、心在地」。三王吳府千歲何時昇化並

無資料記載，但五王中只有吳府三王爺沒有留鬍鬚，農曆九月十五日爲三王的聖誕千秋。

四王朱府千歲，姓朱名叔裕，嘉興人，才學出眾，公正無私，明辨是非，執法森嚴。唐高祖建國時，曾奉命鎮守土門，攻退前來侵犯的胡人。武德五年（622），領兵平定廣州，授封綿州刺史、大理寺卿，又官拜吏部天官，何時升化已無資料可查，玉帝敕封爲代天巡狩，朱府千歲聖誕爲農曆八月十五日。

五王范府千歲，姓范名承業，和三王吳府同是江蘇吳縣人，博通經史，智勇超群，精通醫術，時常醫人救世，做官時，打敗巴東流寇，授封折衝都衛。唐高祖在位之時，以七篇文章高中進士，不久出任刑部大司寇。唐太宗在位時，擔任武州刺史以及太原尹，農曆四月廿七日爲其聖誕千秋。

李、池、吳、朱、范諸公昇化之後，玉皇上帝膺封顯秩，敕「代天巡守」下人間，坐擁王船，巡狩四方，掃蕩妖氣，趕災禳患，護國佑民，四海尊崇，歷朝褒祀，共尊五府千歲。〔註24〕

相傳五王各有專長，因而有「大王好日子、二王好流水、三王好地理、四王好籤詩、五王好脈理」之俗諺。好日子，意指善於擇日，若有重要大事，例如出巡、建醮活動、進香等日子的決定，多半會請教於大王李府千歲；好流水，意指善於抓魚，因此沿海漁民多奉祀二王爺爲主；好地理，意指善於風水，若有廟地遷移或與風水相關之疑惑，信徒多半會請教於三王爺；好籤詩意指可以給予求籤者適當的籤詩解惑，四王有一寶鏡，透過此一寶鏡，可看穿至廟參拜信徒之心理，因此若信徒欲求籤解惑，多半可從其所得之籤詩，獲得解答；好脈理，意指善於醫術。〔註25〕

萬善爺與五王間的關連從上述之建廟與廟地傳說可以得知，而從〈萬善堂的沿革〉可以得知萬善爺囝仔公的傳說：

> 話說康熙年間，北栖榔山有一位牧童，稟性聰異，稚年父母雙亡，依靠其舅父生活，每天在這翠綠的山峰放牛。一日，天上突然烏雲密布，驟然下起一陣大雨，突然發現叢林內，竟有一方丈圓的空地，寸草不生，在大雨中滴水全無，聰慧的他，頓感廣闊的宇宙，包羅萬象，從此以後，他每日必來此地靜坐，參透宇宙萬物萬象，有一

〔註24〕涂順從《南瀛古廟誌》（台南：南縣文化，1994）頁 11～13。
〔註25〕此俗諺之涵義乃請教於營建組洪高舌組長，2009/11/19。

> 日似入了虛空的境界，得了照明覺知，竟然盤坐在這塊空地上，無
> 疾而終，其舅父爲他就地草草掩埋，這位牧童得了地理精華，後來
> 成神，就是南鯤鯓代天府的萬善爺。〔註26〕

萬善爺又稱囝仔公，乃因此牧童過世時年紀尚幼，故以此稱之。直到五王決
定遷廟，並卜地於槺榔山今日廟址，因此處早已爲囝仔公安息處，雙方爲了
爭奪廟地，展開了一場神鬼之戰，後經觀音佛祖調解，此戰役乃得以平息，
並定下：「雙方和平共存，五王蓋大廟，萬善爺蓋小廟，至大廟進香者，必至
小廟敬獻，共享人間煙火」〔註27〕之約定。因此今日至南鯤鯓代天府進香亦
或參拜者，亦多會順道至萬善堂拈香參拜。

第二節　人事組織與管理型態

（一）台灣廟宇的管理型態

　　在台灣因爲特殊的歷史發展背景，少有所謂的血緣村落，早期的台灣村
落雜處著各姓移民，這些不具有血緣關係的移民，多半會因爲地緣關係而相
結合，因此，幾乎每個村落內也多會設有含地緣意義之祭祀鄉土神的寺廟，
而這些寺廟往往成爲村落的自治中心。在清代，寺廟儼然是一種村落的自治
機關，而在都市裡就是一種具有權力與武力的商人行會之自治機關。〔註28〕
換言之，廟宇除了可作爲人心歸屬感之引領外，更是權力機構的表徵。莊芳
榮在其研究中曾指出，早期台灣寺廟不脫以下九種功能：一、促進聚落的形
成與地區的繁榮，二、促進地方安定與團結，三、自治防衛的中心，四、郊
商的聚集場所，五、反映民意的象徵性機構，六、祭典的多重社會功能（文
化、經濟、娛樂、教育），七、民俗醫療的功能，八、文化藝術之保存與傳承，
九、其它社會功能。〔註29〕

〔註26〕南鯤鯓代天府〈萬善堂的沿革〉，收於 2010 年農民曆（台南：南鯤鯓代天府
　　　　管理委員會）頁 5。

〔註27〕南鯤鯓代天府〈萬善堂的沿革〉，收於 2010 年農民曆（台南：南鯤鯓代天府
　　　　管理委員會）頁 6。

〔註28〕莊芳榮〈台灣地區寺廟發展之研究〉（台北：中國文化大學歷史研究所博士論
　　　　文，75 學年度）頁 282～283。林衡道〈台灣寺廟的過去與現在〉《台灣文獻》
　　　　（第 27 卷第 4 期，1976/12）頁 42。

〔註29〕莊芳榮〈台灣地區寺廟發展之研究〉（台北：中國文化大學歷史研究所博士論
　　　　文，75 學年度）頁 281～295。

　　從以上敘述來看，可知過去寺廟功能所含括的面向非常多元，然而隨著社會結構的改變，與專門性設施的增加，使得具有複合式機能的廟宇，不管在經濟層次或精神層次的影響力皆逐漸降低。這樣的矛盾性普遍存在於各個廟宇，因為隨著廟宇規模的擴大，其往往逐漸將文教、遊憩、公共福利等社會機能收歸於一身。但在進入工商社會後，政府公共建設漸趨完備，圖書館、學校、公園與社會福利機構等的設置，因其功能專門化，服務性較廟宇強，加上社會的專業性分工，廟宇傳統的地方中心角色於是淡化。〔註30〕

　　現今寺廟所具備的社會功能雖已不似昔日那般繁複，但相較之下卻亦更加組織化與專業化，而一成熟的「宗教組織」亦可視為社會生產和分工發展到一定階段的檢視標準，是宗教制度化發展的結果。宗教組織不但具有作為社會組織所必須具有的結構性要素，如權力機構與制度，經濟資源和成員資格等，還具有不同於其他社會組織的一些社會特徵。

　　首先，在整體上任何宗教組織均標榜自身為具有「神聖性」的組織，從組織的象徵體系到其行為與活動，籠罩了一層神聖性的光環。其次，宗教組織是具有宗教情感和宗教信仰的宗教徒的聯繫紐帶，每一個宗教組織都是培養、維護和實踐宗教體驗與信仰的中介。〔註31〕在宗教組織中，權威體系（即領導集團）或組織領導管理體系的確立和制度化是首要的環節，它是其它制度得以推行的前提。只有權威體系合法化和制度化了，組織內成員的相互關係、組織內資源的調動與流通，以及組織的目標，才能得以實現。〔註32〕任何組織除了有明確的共同目標外，組織自身還需要有成員的分工、權力的集中與活動的規則，必須通過有效的交往模式（組織結構），及一套井井有條的工作模式（組織制度），來協調組織內成員的行為和工作，用以實現其共同目標和價值觀，為組織的存在、運行及獲得實際利益提供保證。〔註33〕

　　由此可知，廟宇作為一種民間信仰的宗教組織來說，一間香火鼎盛的廟宇，除了其神蹟是最主要的關鍵之外，廟方管理者的角色亦不容輕忽，管理者對於寺廟的經營與管理方式，將引導整間寺廟的走向，靈蹟往往是抽象的個人體驗，唯有靠著具體的人力去操作與經營，鼎盛的香火才有持續不斷的機會。

〔註30〕　吳怡彥〈從廟會活動來探討大廟與舊市街關係——以林口竹林山觀音寺為例〉（台北：國立台北大學都市計劃研究所碩士論文，88學年度）頁5～2。
〔註31〕　戴康生、彭耀《宗教社會學》（台北：世界宗教博物館基金會，2006）頁143。
〔註32〕　戴康生、彭耀《宗教社會學》（台北：世界宗教博物館基金會，2006）頁144。
〔註33〕　戴康生、彭耀《宗教社會學》（台北：世界宗教博物館基金會，2006）頁148。

　　寺廟組織型態，就宗教組織的特性來分，可區分為聖、俗兩種組織，聖的部分，即所謂宗教信仰內部的組織；俗的部分，指的是政府法令規定上的行政措施。〔註 34〕在行政體系方面，一般民間廟宇的管理型態可分為財團法人與非財團法人，〔註 35〕非財團法人又可分為管理人制、管理委員制與主持制。其中，管理人制與管理委員會制都是日治時期就已開始發展，〔註 36〕而主持制乃屬於佛寺管理方式，由佛教「叢林制度」而來，〔註 37〕一般民間信仰廟宇沒有此種管理型態，此處就不加以討論。以下則針對「管理人制」、「管理委員會制」和「財團法人」的功能作一簡單說明：〔註 38〕

1. 管理人制：以管理人為廟宇之實際總負責人，對外代表寺廟，嚴限一人。通常採取此類制度的寺廟，規模較小，大多不設類似信徒大會或信徒代表大會之意思機構的總會組織，其廟務的執行，取決於管理人個人的意思，這種情形，尤其在私人（個人）出資建立並管理的「私建」寺廟更是如此。〔註 39〕

2. 管理委員會制：寺廟管理委員會的組織，顧名思義是由管理委員所組成，委員資格最主要須為該寺廟信徒。另外，寺廟亦得依其事實上需要而設

〔註 34〕黃慶生《寺廟經營與管理》（台北：永然出版社，2001）頁 208～209。

〔註 35〕屬財團法人之寺廟，如台北市艋舺龍山寺、台中縣大甲鎮瀾宮、雲林縣北港朝天宮、花蓮太魯閣祥德寺等皆屬之，此類廟宇在完成寺廟登記，取得權利主體後，再向其主管機關申請為財團法人。

〔註 36〕寺廟管理人制度始於明治 31 年（1898）總督府為土地調查所發佈的法令。該法令規定公業及團體的土地，要在土地申報書裡記載名稱、管理人姓名、住所，而寺廟的土地登記理所當然也在規範內。清代寺廟土地登記並不確實，許多是民眾捐地而建或者直接登記神祇本身，因此如何認定寺廟管理人，將影響該寺廟土地權力歸屬的問題。參考林佩欣〈日治前期台灣總督府對舊慣宗教之調查與理解（1895～1919）〉（台北：國立政治大學歷史系碩士論文，91 學年度）頁 92。鄭螢憶〈台灣總督府與民間信仰──以日治時期北港朝天宮為例〉《台灣風物》（第 59 卷第 3 期，2009/9/30）頁 30。

〔註 37〕林勝俊《台灣寺廟的職權與功能之研究》（台北：文史哲出版社，1988）頁 75。黃慶生在其〈寺廟管理制度〉一文中則將其分為：1. 董事會制（財團法人制）、2. 管理委員會制、3. 管理人制、4. 執事會。兩者分類基本上是大同小異。此處採用林氏之分類分法。黃文收於氏著《寺廟經營與管理》（台北：永然出版社，2001 再版）頁 273。

〔註 38〕張志成〈1965 年後台南地區民間信仰發展與廟宇建築型態〉《南瀛文獻》（第三輯，2004）頁 195～196。黃慶生〈寺廟組織〉，收於氏著《寺廟經營與管理》（台北：永然出版社，2001）頁 231～236。

〔註 39〕黃慶生〈寺廟組織〉，收於氏著《寺廟經營與管理》（台北：永然出版社，2001）頁 209～210。

置監察委員或監事，監察管理委員會執行信徒大會之決議事項、處理寺廟事務、稽核寺廟收支帳款及會計憑證等事項。〔註 40〕此種管理模式之廟宇，其組織型態多呈金字塔結構，最底部至最上層分別是信徒大會、信徒代表代會、管理委員會、常務委員、主任委員。〔註 41〕

3. 財團法人：寺廟財產如是捐助而來，其目的在於公益事業者，其性質與政府規定之民間財團法人同，可設財團法人，而成立時應訂立捐助章程（明訂目的、所捐財產、組織及管理方法等），送經事業主管機關許可後，向法院登記設立。

其中，管理委員會制與財團法人制最大的不同在於，實施前者的寺廟財產必須繳稅，其財產較少公開；而實施後者的寺廟，財產是公開的且不必繳稅，但每年必須從其收入當中，取百分之八十做公益事業，管理委員會制者，則不必如此之多。〔註 42〕除了以上三種主要分類之外，還有一種臨時成立的「重建委員會」，此組織主要是針對廟宇在修建或重建時所發起的臨時組織，其工作內容有執行募款、依神意決定建包商等，在廟宇落成之後往往選擇解散或改成為管理委員會。

日治時期，台灣民間信仰之廟宇，在日本政府對於寺廟管理的要求之下，紛紛登記為管理人制或成立管理委員會，在當時純粹是應國家登記管理之需要而成立，卻也因此改變了一般人對廟宇作為一種財產的觀念。原先，一般信徒會認為廟宇以及廟宇的相關財產皆屬於神明所有，是神聖的所在，但落實登記之後，管理人以及廟中廟祝或住持，就形成「董事」與「經理」的關係。〔註 43〕不過，一般民間廟宇管理人皆為地方公推有名望的人，僅作為登記而較無影響廟務運作的事情。戰後宗教信仰自由之時，管理委員會反而成為現代廟宇自主的一種組織動力，間接影響廟宇的建築與設施的建設，帶領

〔註40〕 大部分的寺廟雖以信徒大會為最高權力機構，惟由於寺廟信徒星散，召開信徒大會有某種程度上的困難，故原則上均規定每年舉行一次，以減少寺廟因召開信徒大會所耗費的人力資源及籌備工作的時間。因此管理委員會制的寺廟組織型態，便順應事實需要而有了它的機制，台灣地區尤以道教宮廟更具此一類型的代表。可參考黃慶生〈寺廟組織〉，收於氏著《寺廟經營與管理》（台北：永然出版社，2001）頁 235。

〔註41〕 黃慶生〈寺廟組織〉，收於氏著《寺廟經營與管理》（台北：永然出版社，2001）頁 210。

〔註42〕 林勝俊《台灣寺廟的職權與功能之研究》（台北：文史哲出版社，1988）頁 74。

〔註43〕 王見川《民間宗教》第三輯（台北：南天，1995）頁 27。

廟宇適應現代生活。

（二）南鯤鯓代天府的人事組織

　　戰後南鯤鯓代天府的人事組織經過兩次變異，可分為三個階段來討論：第一階段：戰後初期～民國四十二年，主事與書記形式。第二階段：民國四十二年～民國五十七年，董（監）事會形式。第三階段：民國五十八年～至今，管理委員會形式。

　　第一階段的管理型態乃延續日治時期而來，設有主事一名，書記十六名（見附錄一）。主事吳乃占於日治時期曾任第一屆佳里庄長、台灣總督府評議委員等職，此外，吳玉瓚（吳新榮祖父）任漚汪區長時，吳乃占亦曾任其書記，在地方上握有權力。〔註44〕此時雖無董事之名，但實際上廟方仍以董事稱之。直到該時期的主事吳乃占先生過世後，內部重新改組為董監事會模式，管理型態進入第二個階段。這時期所留存的資料非常匱乏，目前僅知道其粗略的管理型態，至於其細部運作則礙於資料不足的關係，目前無法做更近一步的說明。

　　主事吳乃占先生過世後，民國四十二年五月成立董事會籌備委員會，由陳華宗擔任主任委員，並設有籌備委員數名，旋即於該年七月成立南鯤鯓代天府第一屆董（監）事會，設有董事長、副董事長和常務監事各一名，董事十三名，監事四名，三年為一任，前後共五屆。五屆的董（監）事會時期共歷經兩任董事長，分別是第一屆至第四屆的吳三薦，和第五屆的謝錫周。吳三薦和謝錫周皆曾任縣議員，其餘董（監）事則網羅北門區六鄉鎮（北門鄉、學甲鎮、將軍鄉、佳里鎮、西港鄉、七股鄉）的廟董及大老，可以看出，南鯤鯓代天府董（監）事會諸成員，在地方上握有一定人脈與勢力（人員名單見附錄一、二）。

　　第二階段董（監）事會的運作模式，從民國四十二年一直持續到民國五十七年的三百年建醮結束，前後共五屆。之後因為董事會稱謂與財團法人過於相似，為了避免混淆，乃決定改組為管理委員會模式。〔註45〕並於隔年，亦即民國五十八年，正式改組為管理委員會形式，一直延續至今。

　　南鯤鯓代天府管理委員會形成一金字塔結構，最底部至最上層分別是信徒大會、信徒代表代會、管理委員會、常務委員、主任委員。南鯤鯓代天府

〔註44〕施懿琳《吳新榮傳》（南投：台灣省文獻委員會，1999）頁 6。
〔註45〕根據廟方說法，改成管委會的原因是因為董事會稱謂，與財團法人太相似，為了避免混淆，乃決定改組為管理委員會模式。訪問營建組洪高舌組長，2009/11/19。

管理委員會由北門區六鄉鎮（北門鄉、將軍鄉、七股鄉、學甲鎮、佳里鎮、西港鄉）之信徒組織而成，再由這些信徒共同選出五十一位信徒代表，信徒代表人數主要是依北門區各鄉鎮信徒人數的比例去分配名額，信徒代表則由各鄉鎮自行選出。再由信徒代表選舉管理委員十五名，是為決策管理，置常務委員五名，由管理委員互選，再由五名常務委員互選主任委員和副主任委員各一名；此外，並置監察委員五名，亦由監察委員互選常務監察委員一名。前者為「管委系統」，後者為「監委系統」，四年改選一次，連選得連任。正、副主委每月領有「定量」的車馬費，委員開會時，出席者亦可領車馬費。這二十名組成管理委員會的成員即為南鯤鯓代天府的幕後權力者，其中正、副主委、常務管委和常務監委六人，更是幕後權力的核心人物。〔註46〕

管理委員會為推展廟務和會務，下設總幹事一名，實際執行管理，總幹事競選資格須在北門區居住六個月以上，且由管委會三人以上推薦，每位委員不得重覆推薦。另設秘書一名，此職乃民國七十五年始設，其職責在於協助總幹事處理會務，一般都由總幹事延請而來。

總幹事下分總務、公關、營建、財務、祭祀、文史企畫和檳榔山莊管理等七組，各設組長一名，由管理委員會聘任，辦事員若干，由總幹事聘任，均列屬為給薪職員。目前管委會內部的人事組織架構如表 2-1 所示：

表 2-1　南鯤鯓代天府人事組織圖

信徒大會（北門區六鄉鎮）	信徒代表（51）	管理委員（15）	主任委員（1）	總幹事	秘書	總務組
			副主任委員（1）			營建組
						財務組
			常務委員（3）			祭祀組
						公關組
			管理委員（10）			文史企畫組
						檳榔山莊管理組
		監察委員（5）	常務監察委員（1）			
			監察委員（4）			

資料來源：南鯤鯓代天府管委會。

〔註46〕黃文博〈王爺的子民──南鯤鯓代天府組織與分析〉，收於氏著《台灣風土傳奇》（台北：台原，1989）頁69。

總務組掌管廟務，其組長兼管人事。營建則職掌廟內的各項工程，財務管理會計，祭祀則負責祭典。公關組原為招待組，為拓展廟務，於民國九十四年改為公關組。「招待」顧名思義，乃接待來訪之客，處於較為消極被動的姿態，而「公關」則具有主動交涉與整合的積極意涵。南鯤鯓代天府有王爺總廟之稱，每年到府進香的人潮非常可觀。廟方亦表示，因為「王爺總廟」之美名過於令人陶醉，使得早期的廟方負責人帶有一種穩坐王爺廟龍頭的心態，難免較高姿態，鮮少主動與其分香分靈廟宇有所互動，多半以接待來訪之客較多，少有外出與其它廟宇「交陪」的機會。〔註47〕近幾年，除了主動拜訪其它進香廟宇外，亦積極規劃寺廟交流的工作，企圖建立起屬於鯤鯓王的信仰網絡，因此，從「招待」到「公關」之稱謂的調整，可以發現南鯤鯓代天府近幾年已開始調整其對外的處事方式，一反過去的保守態度，積極建立屬於自身的「人脈」。民國八十一年，榤榔山莊正式啟用後，另外成立榤榔山莊管理組，獨立負責榤榔山莊之業務。文史企畫組則在大鯤園文化園區正式開館（2008）後始成立，主要工作內容在於管理大鯤園的使用情形，並負責大鯤園藝文活動之策畫。

南鯤鯓代天府管理委員會自民國五十八年成立至今，共歷經七名主任委員和三名總幹事。在主任委員方面有謝錫周、黃文魁、侯吉定、林錦利、陳慶苗、黃秋鐘和陳良太；總幹事方面則有任期十四年的陳子仁、任期廿二年的陳崇顯，與民國九十二年上任至今的侯賢遜總幹事。

早期，總幹事的競選資格並無嚴格限制，成立管委會後的第一任總幹事陳子仁由管委會延聘而來，當時並無其他競爭者，內部成員達成共識後隨即上任，任期十四年，直到民國七十一年才改由陳崇顯擔任總幹事一職，該年除了陳崇顯有意角逐總幹事一職外，另有洪鑾聲與之競爭，因此該年總幹事乃由選舉模式產生。陳崇顯任內，與管委會委員們的私交良好，且又積極建設廟內之硬體設備與廟地之擴建工程，一方面為了工程之延續，一方面也因為良好的人脈關係，陳崇顯任職期間長達廿二年，直到民國九十二年，才以六十九歲高齡請辭總幹事一職。陳崇顯請辭後，管理委員會重新制定選舉歸則，亦重新規定總幹事競選資格，除了必須經由管委會管理委員三人以上提名外，年齡尚需屆滿五十五歲，並不得超過六十五歲，亦須具有高中（職）學歷，此外，連選只得連任一次。陳崇顯辭職後，該年有兩位競選人皆欲角

逐總幹事一職，分別是北門鄉調解委員會的侯賢遜與時任營建組組長的李水性，選舉結果侯賢遜勝出，並於民國九十二年接任總幹事一職。上任後，召開信徒大會並結合其力量，廢除總幹事競選資格的種種限制，因此，目前總幹事的競選資格除了保留須經由管理委員三人以上提名外，並無其它限制。

南鯤鯓代天府之人事組織，乃採取選舉機制，相較於神選，人選相對有較大的彈性，但卻也較容易形成固定班底，這從歷屆管委會名單即可看出，管委會的主要成員甚少流動，甚至也有連聘連任二十多年的情形，〔註 48〕這樣的長時間任職，或許基於廟方所推動之各類大型工程延續性之考量，但和內部的人為操縱或許亦有程度上的關連，畢竟相較於擲筊所授予之神的旨意，人為運作有著較大的權力操作與決策力。而管委會做為廟務推展的重要運作組織，一旦減少了神明的約束力，增加了人為的意志後，或許亦容易增加派系鬥爭與小集團等內部問題。〔註 49〕

（三）早期的保守經營與管理（1982 以前）

如前所述，廟務與會務之推行，端賴總幹事之領導，因此總幹事可視為廟裡的靈魂人物，其對廟宇定位之認知，和經營管理之方式，都將引導整間寺廟的未來走向。南鯤鯓代天府成立管理委員會至今，共歷經陳子仁、陳崇顯和侯賢遜等三位總幹事，尤以前任總幹事陳崇顯之任期長達廿二年之久，因此其任內的種種措施應都是一參考指標。故筆者以三任總幹事為分期基

〔註48〕 例如前任總幹事陳崇顯即從 1982 年任職到 2003 年，期間雖然多次以年事已高請辭，但管委會卻不斷以「延續重大工程」為由續聘，直到 2003 年，年屆 69 歲高齡，管委會才通過陳氏之請辭。見「代天府陳崇顯請辭獲准 新聘總幹事兩人登記」《聯合報》B2 版，2003/5/6。

〔註49〕 聯合報即曾經報導，因內部選舉不公所引發的派系問題，使得內部職員對簿公堂的不堪事件：「……去年六月間，競選代天府管理委員會副主任委員失利的委員陳新教，在總幹事陳崇顯就職儀式中指摘選舉不公，又召開記者會指代天府香客村工程品質不佳，帳目不清；陳崇顯冒領旅費，營謀私利。陳崇顯不堪被辱，向台南地方法院自訴陳新教妨害名譽。……」此則新聞喧騰一時，陳崇顯甚至曾公開表示欲發動廿萬信徒進行抗議行動。《聯合報》第 7 版，1991/02/24。其它相關論述可見《聯合報》1991/02/24 第 7 版〈陳崇顯發出公開信：代天府絕無派系〉、〈代天府總幹事：擬發動廿萬信徒抗議〉，1991/02/25 第 7 版〈高官來電請託 陳崇顯答應再斟酌〉，1991/02/26 第 7 版〈代天府管委會臨會 經過激辯發表聲明 要求政院監委回話抗議行動暫擱置 派系何在請指明〉；《聯合晚報》1991/02/25 第 5 版〈抗議活動 先行籌備代天府管委會發表譴責聲明〉，1991/02/26 第 7 版〈哪有派系？代天府管委會要求澄清〉。

準，將南鯤鯓代天府的經營與管理分為三個時期來討論，以下則針對這三個時期分別討論。

民國七十一年以前，廟方的經營模式，對內側重於硬體設備之建設，對外則著重於地方事務的參與和公益活動的舉辦。以下則針對這兩個面向，茲舉數例說明之：

1. 公益活動與地方事務之參與

七〇年代少棒活動在台灣正蓬勃發展，比賽活動不斷，南鯤鯓代天府為配合全民棒球運動之發展，〔註 50〕於民國六十年二月舉辦第一屆「南鯤鯓五王杯」少棒錦標賽，〔註 51〕並於民國六十年、六十一年闢設兩個棒球場地，可惜此活動只辦理兩屆，自民國六十二年起，球場土地移作他用而停止辦理。

鹽分地帶文藝營，由鹽分地帶文友杜文靖、黃勁連、羊子喬、林佛兒等人於民國六十八年發起，在吳三連的支持下成立，舉辦地點即為南鯤鯓代天府。營隊成立之初，每每為籌措經費問題而苦惱，時任北門鄉代表的洪鑾聲，提議可向熱心關懷地方事務的南鯤鯓代天府管理委員會尋求贊助，時任南鯤鯓代天府管理委員會主任委員的侯吉定對此活動持高度肯定，經管委會內部協調溝通後，同意提撥十二萬元，做為文藝營的經費，此後南鯤鯓代天府每年都給予十二萬至二十五萬不等之補助。

2. 廟宇內部建設

這時期的硬體建設，除了洪新解總幹事任職期間（1967）所擘劃之鯤園、虎苑花園、海山亭、鯉魚池等建設外，尚有民國五十六年「萬善堂」的擴建，和兩廂及鐘鼓樓的增築，此外，富美莊香客大樓的建設亦完成於這個時期；民國五十七年舉行三百年建醮時，又有信徒捐獻而設置的南北旗杆一對，和「慶成閣」。民國六十一年新建拜亭、龍虎大金爐及萬善走廊；民國六十四年「鯤瀛大樓」完工（見表 2-2）。

〔註 50〕 這個時期，少棒賽為全民運動，各地廟宇亦都積極舉辦賽事，例如大甲鎮瀾宮曾有「鎮瀾盃」比賽、朴仔配天宮亦曾舉辦「台灣區朴子配天宮湄洲聖母杯少棒錦標賽」活動。《聯合報》第 6 版，1971/2/1。

〔註 51〕 南鯤鯓代天府為了舉辦這次比賽，將新購的魚塭用推土機壓平，修成四公頃的球場，同時可提共四個球隊比賽。為了招待這群來自不同地方的小朋友，使他們在緊張激烈的競技中，有個輕鬆同樂和交流的機會，還特別安排了六天的康樂聯歡晚會，包括戲曲、露影、電影與球友之夜，讓參與之勁旅，在競技之餘，也能促進情感交流，增進情誼。《聯合報》第 6 版，1970/2/2。

表 2-2 戰後南鯤鯓代天府硬體設備建設明細

1967	擴建「萬善堂」，增築兩廂及鐘鼓樓，於 1968 年竣工。
	興建「富美莊」香客大樓。
1968	新設南北旗杆一對，由布袋蔡義、蔡水諒與蔡炳合獻。
	興建「慶成閣」，為高雄示代天宮所敬獻。
	興建崇聖台、龍鳳鐵塔
1970	前台灣省政府核定為「台灣省宗教紀念物觀光區」。
1972	新建拜亭、龍虎大金爐及萬善走廊，聘李漢卿主持彩繪。
	原五門建築擴建為七門建築。
1973	新建「鯤瀛大樓」，於 1975 年竣工。
1983	新建大山門，由王錦木設計，十二大木柱為林歐州等十二人捐獻。
1985	內政部評列為「台閩地區第二級古蹟」（國定古蹟）〔註52〕
1988	農曆 2 月 21 日午時大鯤園動土，由漢寶德設計，於 2008 正式開園。
1989	興建「楝欄山莊」，由陳正雄設計，於 1992 年落成啟用。
1990	新置花崗石雕石獅一對，為義竹蔡全所敬獻。
1993	農曆 4 月 17 日卯時凌霄寶殿動功，由陳碧潭設計。
1994	原「鯤瀛大樓」樓下闢建為「鯤瀛文化藝術館」。
2001	廟前兩側店鋪收回，興建「祥麟樓」、「蔚華樓」兩廂房，於 2003 年完工。
2009	七樓現代化香客大樓，預計 2012 年完工。

資料來源：南鯤鯓代天府管委會。

其中，民國五十六年「富美莊」香客大樓的建設，在當時來說可說是一項創舉。香客大樓在現代社會裡，幾乎已是每間廟宇的必備建築物，香客大樓的用途無非是讓遠道而至的香客有休息的空間，其初衷乃在於取之於社會用之於社會，然這樣的設施在早期農業社會裡並不普遍亦不多見。對於早期的進香情形，祭祀祖李國殿組長表示：

> 早期交通比較不方便，尤其在台 17 線尚未開通前，每次來南鯤鯓代
> 天府都要繞好大一圈，不要說北部，就連中部的信徒來進香都必須
> 提前一天下來，在這邊過夜。不過因為當時屬於農業社會，物質條
> 件比較不好，大家對生活品質也不像現在這麼講究，多半是抱著一

〔註52〕 南鯤鯓代天府原本名列國家二級古蹟，1997 年精省後古蹟僅分「國定古蹟」
與「縣定古蹟」二級，故南鯤鯓代天府直接升格為「國定古蹟」。

顆虔誠的心前來進香，晚上給個草蓆，大家也是鋪著就睡，不會計
較什麼。〔註53〕

雖然這個香客大樓只能容納兩千多位香客，以南鯤鯓代天府上萬人次的
進香客來說，明顯是不夠用的，然而廟方則認為，這是一種回饋信徒的心意，
希望透過香客大樓的設置，讓遠道而來的香客們感到舒適與方便。由此可見，
此時期的建設，多以回饋香客為出發點，並沒有所謂的觀光旅遊之考量。

民國五十九年，南鯤鯓代天府被前台灣省政府核定為「台灣省宗教紀念
物觀光區」，至此開始，硬體建設明顯增多，開始出現往觀光發展之雛形。或
許南鯤鯓代天府於民國五十九年被核定為宗教觀光區後，已開始有朝此目標
發展之傾向，但這時期仍尚未出現與觀光結合之配套措施，不過此時期的各
項建設工程，亦逐漸為日後觀光化發展之路打下基礎。

（四）中期的文化觀光發展策略（1982～2003）

民國七十一年陳崇顯上任後，力求轉型，積極帶領著廟宇朝文化觀光之
面向發展，許多大型建設亦多於此時完成或動工。而這個時期，又可從兩個
面向來討論，一是為日後的觀光發展鋪路，一是與藝術文化之結合，以下則
針對這兩個面向分別討論之：

1. 朝觀光之路發展

發展觀光之首要條件，乃在於具備觀光條件之環境的建設，因此，這個
時期經營模式的重點，主要落於硬體建設的發展，和廟地的整合與擴建。而
從南鯤鯓代天府於民國七十四年特別委託東海大學園景學系，以十年為期擬
定觀光事業發展計畫之事來看，其朝觀光發展之企圖心可見一斑。下面則針
對此時期增建硬體設備時所發生的相關事件做一陳述。

早期南鯤鯓代天府的樣貌其實並不如今日所見，祭祀組李國殿組長即表示：

早期還是農業社會時，鯤鯓廟的外貌並不像現在所看到的，那時的
環境很簡陋，不但交通不方便，又因位在偏僻的草地所在，物質條
件算是很不好，當然也不熱鬧。以前的負責人，擔心進香客來這邊
進香時會感到不方便，因此邀集了許多攤販前來擺攤，希望可以藉
此營造熱鬧的氣氛。〔註54〕

〔註53〕訪談祭祀祖李國殿組長，2009/9/14。
〔註54〕訪談祭祀祖李國殿組長，2009/9/14。

這些在廟旁擺攤的攤商們因長期定居於此,久了便開始隨意搭蓋鐵皮屋一類的建築,不但影響整體觀感,擁擠雜亂的環境也常常造成進香客的不便,因此廟方有意整頓廟地。但這些攤販在此居住已久,多佔地為王不願遷移,〔註55〕雙方經過長時間的協調溝通後,於民國八十六年十二月,以每坪補償拆遷費新台幣若干元的方式,雙方達成協議,先行支付二分之一訂金,繼續經營至民國八十七年十二月底,再付二分之一尾款,店鋪土地正式收歸廟方所有。〔註56〕收回之廟地,廟方重新規劃加以整頓後,興建成今日所見之二樓式廂房,於民國九十二年完工。筆者認為,撤離攤商的原因,除了因擁擠雜亂的環境常常造成進香客的不便之外,朝觀光化發展應是另一較大之主因,為了南鯤鯓代天府觀光化建設之整體考量,雜亂無序的攤販的確容易造成景觀上的不協調,基於此考量,廟方才欲積極爭取廟地。

隨著社會的進步,一般民眾的生活水平與品質也逐漸上升,對於居住的環境多半也會比較要求,完工於民國五十六年的富美莊香客大樓也隨之被淘汰,廟方又於民國七十八年通過「檳榔山莊」香客村的建設計劃,並於民國八十一年落成啟用。相較於富美莊香客大樓,檳榔山莊不但擁有套房式的設備,亦有可供兩千人用餐及大型集會用的餐廳。此外,當年富美莊香客大樓的設置,除了基本的休憩與盥洗功能外,並無其他附加功能的設計與考量,而香客村內不但設有小橋流水、奇花異石,更以「村」的整體概念取代原本「大樓」式的設計,宛如世外桃源般的自成一格,漫步其間不但有助於身心之解放,更能達到紓解壓力之功效,這樣的設計考量,很明顯地將觀光目的視為一種要的建設指標。

2. 與藝文結合

民國八十三年三月,台南縣政府於南鯤鯓代天府舉辦為期六天的台南縣文藝季「南瀛藝陣傳奇」,在這六天(3/18～3/23)的系列活動中,包含有動態的藝陣活動,與靜態的「廟會與民間文化研討會」和「民俗風物圖書展」。〔註57〕其中,「寺廟與民間文化研討會」乃由文建會策畫主辦,漢學研究中心承辦,有意藉此會議探討寺廟與民間文化的基本性質和相關問題,再結合地

〔註55〕 訪談祭祀祖李國殿組長,2009/9/14。
〔註56〕 洪高舌《洪高舌奮勉五十年》(台南:台南縣鯤瀛詩社、台南縣國學會,2001)頁16。
〔註57〕 〈南瀛藝陣大會串 台南文藝季活動 動靜都精采〉,《聯合報》第25版「文化廣場」,1994/03/18。

方文化中心、民間社團等社會資源，以歸結寺廟參與文化建設的具體可行做法。〔註58〕換句話說，希望賦予傳統廟宇「民間文化推動者」之新定位。

　　台南縣政府選擇以南鯤鯓代天府為活動場地的最主要因素，顯然是考慮到其為王爺總廟，不但具有一定知名度，亦具有示範效果。而這類活動之舉辦，對於廟方之影響力，是否真有達到中央所預期之成效？或許可從以下兩則報導來觀察，該年三月廿日有一則以〈二級古蹟南鯤鯓代天府　向寺廟結合民間文化邁進〉為標題的報導指出：「南鯤鯓代天府內有著極豐富的文物與傳統建築，廟方有意朝結合民間文化之路發展。」〔註59〕另外，五月廿二日，亦有一則以〈四月迎王爺（新新行動）重塑寺廟文化〉為標題之報導，指出：「南鯤鯓代天府總幹事陳崇顯說，近十年來，南鯤鯓代天府重新體認民間宗教信仰的強大力量，而決心負起帶動社會善良風氣的社會責任，一洗寺廟予人『低俗』、『商業化』、『鋪張浪費』的刻板印象。尤其南鯤鯓是王爺總廟，一舉一動都會起示範作用。」〔註60〕很顯然地，廟方的反應已達到中央所預期之成效，希望透過活動的舉辦，激發起各廟宇對於自身文化保存與推廣的自覺，而時任總幹事的陳崇顯亦認為，南鯤鯓代天府身為王爺總廟，理應作為表率。

　　在文化提升方面，「鯤瀛文化藝術館」的設置和大鯤園設計方案的通過可視為兩大具體成果。民國八十三年，廟方於原「鯤瀛大樓」樓下闢建為「鯤瀛文化藝術館」，此構想乃來自於民國八十一年的文化祭活動，文化祭活動的舉辦乃是為了慶祝槺榔山莊之落成啟用，於該次活動中，廟方結合台南縣文化中心的力量，籌備一個含括民俗活動、藝文比賽和神祇祭典等一連串類似嘉年華會的大型活動，此次文化祭中各項藝文活動的舉辦，得到參與者的熱烈迴響，廟方因此決定結合藝文的力量，提升廟內的人文氣息，故於民國八十三年正式成立「鯤瀛文化藝術館」，定期展出各式藝文活動，直到廟方於民國九十六年開始進行古蹟修復後，才暫時休館，民國九十七年大鯤園文化園區開園後，此藝文展覽功能已轉至園區內舉辦，並由文史企劃組負責管理。

〔註58〕　〈寺廟傳統角色出走　賦予它民間文化使者新定位〉，《聯合報》第26版「文化廣場」，1994/03/16。

〔註59〕　〈二級古蹟南鯤鯓代天府　向寺廟結合民間文化邁進〉，《聯合報》第25版「文化廣場」，1994/03/20。

〔註60〕　〈四月迎王爺（新新行動）　重塑寺廟文化〉，《聯合報》第34版「鄉情周報」，1994/05/22。

另外，從大鯤園建設案亦可看出，廟方企圖以文化觀光作爲自我定位之發展目標。陳崇顯於民國八十九年曾表示：「政府早在十多年前就委託規畫以代天府爲中心的風景特區，希望透過整體規畫，落實和加速發展沿海觀光事業，但迄今無下文。」〔註61〕南鯤鯓代天府多年來有感於每年至廟內進香朝拜之香客數量如此龐大，卻多來去匆匆，無法在此佇足，加上政府計畫推展之牛步，遂主動委託建築專家漢寶德，設計以紅樓夢中大觀園爲點子的「大鯤園」庭園造景，希望藉此能讓香客留連忘返，也可以讓旅客達到深度的知性之旅。「大鯤園文化園區」於民國八十七年動土，爲期十年，於民國九十七年已正式開園啓用。

此外，南鯤鯓代天府不僅提供場地供各級政府及民間活動使用，亦經常贊助各項藝文活動之進行，這其中包含有每年在此舉辦的「鯤瀛全國詩會」、「鹽分地帶文學營」和「台語文學營」等各式藝文團體。透過使用空間的外借，活動參與者得以在此學習，並在耳濡目染下進一步了解廟方之信仰文化。南鯤鯓代天府以宗教推動文化，而文化界則以活動炒熱了南鯤鯓代天府之宗教活動，兩者可謂相輔相成。而南鯤鯓代天府不僅可藉此累積其自身的象徵資本，又可達到自我宣傳的效果。

（五）近期的多元並進發展策略（2003 年以後）

目前廟方尚在進行的大型建設除了凌霄寶殿和七樓現代化香客大樓〔註62〕外，暫無其他硬體建設，最主要原因乃在於硬體設備幾乎已達飽和狀態，因此，目前廟方正積極朝文化觀光方面發展。民國九十二年下半年，現任總幹事侯賢遜上任後，除了延續過去結合文化與觀光發展之理念外，更以企業化的經營手法，積極行銷廟宇，不斷將觸腳向廟外延伸，並企圖建立起屬於鯤鯓王信仰之網絡，以下則針對此時期經營管理上所呈現之特色作一討論。

1. 企業化

現任總幹事侯賢遜上任後，開始以企業化的方式經營廟務工作。民國九十三年，開始與雲林縣政府、嘉義縣政府、台南縣市政府和雲嘉南濱海濱海

〔註61〕〈留住遊客　大鯤園主體結構已經完成〉，《聯合報》（2000/07/07）。

〔註62〕根據廟方表示，此香客大樓之設計爲，地下室作爲電器室和員工停車場，一樓美食街，六樓卡拉 OK 和影片觀賞，七樓總統套房，三到五樓爲香客入住隨意添油香錢的禪房，每間禪房並備有網路寬頻、觀景台及綠美化，號稱是連背包族或單車族及學生都消費得起的「五星級香客大樓」。

國家風景區管理處聯合辦理「鯤鯓王平安鹽祭」的活動。以民國九十七年活動為例，其活動內容包含有祈福法會、藝陣比賽、雲家南美食展、民俗文化教學活動，晚上亦邀請多位知名藝人到場演出，炒熱現場氣氛。「鯤鯓王平安鹽祭」結合了傳統信仰與現代商業元素，打造出宛如嘉年華會般的眾聲喧嘩，再利用整體行銷與包裝的手法，不僅可以使外來遊客有機會進一步了解鯤鯓王信仰，更增加了廟宇自身的知名度，成功扭轉傳統廟宇形象，注入更多現代化的元素。此活動從民國九十三年舉辦至今，今年（2009）已即將邁入第六年。

　　類似的活動，雖然在此之前就已出現過。民國八十一年，南鯤鯓代天府為了慶祝榛榔山莊之落成典禮，與當時的台南縣文化中心合作，聯手合辦了為期三天的文化祭活動，當時的活動內容包含了民俗傳統文化、傳統信仰和台南縣各鄉鎮農魚業產品的展出，盛極一時，獲得頗高的評價。然而比較遺憾的是，這些活動在當時雖然都獲得不錯的回應，但卻沒有持續辦理，廟會活動像是這些慶典儀式之附屬品，成為階段性的曇花一現，廟宇文化無從深化更無從推廣。而侯賢遜上任後則一改過去之做法，希望透過「鯤鯓王平安鹽祭」的舉辦，可以為北門濱海地區吸引更多的人潮，更期許此活動能像鹽水蜂炮、台東炸寒單一樣，成為地方特色，創造屬於該地的傳統文化。

　　民國九十七年的鯤鯓王出巡澎湖活動，廟方亦與傳統詩社合作，於榛榔山莊共同舉辦「南鯤鯓戊子年全國詩人聯吟大會」，並以「鯤鯓王出巡澎湖大典誌盛」為題創作。除了傳統文學的創作比賽外，還有以鯤鯓王出巡澎湖活動為主題的全國攝影比賽。南鯤鯓代天府將「鯤鯓王出巡澎湖」視為一活動主題，設計籌畫各類藝文比賽活動，藉此提高信眾的參與意願與動機，並透過這些活動的舉辦，為傳統信仰儀式增添不少藝文氣息，而作品透過媒體的報導，或書面文字的流傳，亦可為廟方帶來更多的曝光率與知名度。

　　在這場鯤鯓王出巡澎湖活動中，除了有上述活動之舉辦外，南鯤鯓代天府亦與廠商結合，由廟方提供場地成立商品部，販售以鯤鯓王信仰為主軸之周邊商品。〔註63〕這種以「鯤鯓王」為符碼，將各式神祇形象製作成可吸引旅客與信徒目光的商品形式，企圖藉此行銷廟宇。由此可見其經營手法的轉變，已開始懂得利用更多元的方式去包裝鯤鯓王信仰。

〔註63〕相關商品有以五王形象所設計的五府千歲公仔、萬善爺存錢筒、平安福袋、保身納福吊飾、五王公仔鑰匙圈等商品。

2. 年輕化

早期，若欲進廟方服務，都必須先從基層做起，也就是所謂的工友，工作內容不外乎是清潔環境、接聽電話、倒茶請客、準備祭品、值夜班等等庶務性質之瑣碎事務，〔註 64〕隨著經驗與年資的累積，才有機會被升為職員，然而現在的職員幾乎都直接上任，已不需要再經過重重關卡的考驗。

這樣的改變最主原因來自於民間對於廟宇觀念的轉變。以往大部分人多認為，寺廟就是提供給信眾拜拜、祈求平安的地方而已，近幾十年來，由於本土意識的高漲，對於本土文化的重視亦相對提高，開始會注意到廟裡所留存下來的種種文化特色，例如廟會文化、廟宇的藝術、匾聯文化等等。這些以前被忽略的東西，開始被認為是珍貴的文化資產而予以重視，以前被認為是鋪張浪費的廟會活動，在本土文化意識崛起後，民間與學界亦開始給予不同於以往的正面評價。當社會開始重視廟宇文化後，廟宇間也會產生一種競爭心態，許多廟宇領導者開始反思如何讓自身廟宇的能見度更高，如何行銷廟宇，如何增加廟宇的香客量？如何讓廟宇的香火持續不斷？許多廟宇為了提高自身的能見度，同時也為了吸納更多的香油錢以應付廟務之正常運作，開始結合各種民間、學界、媒體，甚或公部門的力量，積極籌劃各項文化活動之辦理，希望透過各式廟會活動之舉辦，吸引更多的人潮，間接為廟方和地方帶來經濟助益，〔註 65〕而具有企畫專能的年輕人亦開始成為各廟宇辦理活動亟需之人才。

基於以上諸點考量，南鯤鯓代天府現任總幹事侯賢遜上任後，即開始採用年輕人才，希望藉由他們所學之才能，為廟方帶來更多現代化的改變與思維模式。目前廟方工作人員（含約聘）約有八十六人，年輕世代佔有五分之一，分佈比例以公關組和總務組居多，祭祀組占少數，而營建組主要以資深幹部為主，究其原因，乃因營建、祭祀等工作，牽涉到古蹟建築、祭典儀式

〔註64〕 目前擔任營建組組長的洪高舌（1952.12~），在其自傳中曾提及：「因緣際會，承本廟總務股長張鎮郢先生援引，於民國55年農曆五月一日，進入南鯤鯓代天府服務，擔任工友職務。負責挑水、劈材、燒開水、泡茶、道茶請客、接聽電話、清潔環境……兼負責其他零碎瑣事，每天晚上得當值夜，負責進香團夜宿申請宿泊流動人口，並利用餘暇時間背誦籤詩。」收於氏著《洪高舌奮勉五十年》（台南：台南縣鯤瀛詩社、台南縣國學會，2001）頁 10。目前擔任祭祀組組長的李國殿先生接受筆者訪談時，亦有類似之說法，其於民國60幾年入廟服務。

〔註65〕 大甲鎮瀾宮經營模式的成功轉型，即是最顯著的例子。

等須要經驗累積的工作內容，故多以經驗較多的資深幹部負責管理。隨著資深幹部的退休〔註 66〕與年輕世代的加入，不僅有助於各式祭典活動之延續，亦可減少傳統廟宇傳承上的世代問題。

3. 電腦化

根據廟方人員表示，因南鯤鯓代天府地處偏僻的「草地所在」，早期不但沒有文獻保存的概念，內部對於各項儀式祭典活動之舉辦的資料保存亦寥寥無幾，這幾年，隨著本土意識的高漲，與對本土文化、廟會文化等的相對重視，廟方亦開始自覺性地建構屬於自己的各類歷史資料。而隨著時代趨勢的演變，電腦化作業已成為主流，南鯤鯓代天府之五王信仰，聞名遐邇，每年至廟進香謁祖的外地王爺廟數量龐大，目前已透過電腦的輔助，將來此進香的廟宇資料建檔保存。而這類的建檔工作，不但可以迅速建立起廟宇間的信仰網絡，對於鯤鯓王信仰之外拓，亦可達到事半功倍之效。

4. 學術化

近幾年來，多數廟宇也開始學會在宗教活動之外，進一步將「廟宇」視為一獨立體，以廟宇或廟埕作為一活動場域，結合各式藝文、娛樂和民俗等活動的舉行，將廟宇的功能朝向更多元、更開放的方向運作。此外，亦有許多廟宇開始積極結合學界力量，企圖藉由學者之討論進而達到廟宇/廟會文化研究之拋磚引玉的效果，並藉此深化廟方歷史與信仰文化。鎮瀾宮就曾於民國七十七年，廟宇重修工程順利完成後，舉行「戊辰年慶成祈安清醮」。在此活動中，廟方甚至規劃邀請劉枝萬、李豐楙、曾永義、林明德、林茂賢等多位民俗研究專家到場參加；並與聯合副刊合作，邀請瘂弦、尼洛等作家前來參訪，並且在報上發表一系列「聯副文學出外景」的文章。〔註 67〕此類活動之規劃，不斷有助於提升廟會活動之質感，透過大量知名專家學者的參與，廟方亦得以累積自身的名氣。〔註 68〕

〔註66〕根據廟方規定，工作人員滿 65 歲者必須強制退休。

〔註67〕洪瑩發〈戰後大甲媽祖信仰的發展與演變〉（國立台南大學台灣文化研究所碩士論文，93 學年度）頁 49～50。

〔註68〕從大量的大甲媽祖研究即可發現，鎮瀾宮已成功利用學術研究的方式建構並深化屬於自身廟宇的歷史，也吸引了更多有興趣研究者的投入，使得大甲鎮瀾宮的名氣有增無減。

　　有鑒於民俗文化之重要，南鯤鯓代天府在民國九十七年大鯤園正式開園前，即委託中華民俗藝術基金會辦理「南鯤鯓五王信仰與鹽分地帶文化資產研討會」，希望透過學術界的研究討論方式，建構出五王信仰的歷史脈絡，和信仰與地方之關聯。如前所述，文建會雖然亦曾經於南鯤鯓代天府辦理「廟會與民間文化研討會」，會後，廟方亦有意將自身轉型定位為民間文化之推動者，但此時的態度仍是處於較為被動的姿態，相較於現在自覺式的積極推動，仍有成度上的差異。除了研討會的舉辦外，廟方亦結合民間工作者的力量，企圖還原過去「香路」之路線，重新建構屬於廟方的信仰歷史。

　　除了上述諸點，南鯤鯓代天府亦於民國九十八年三月，與致遠管理學校之休閒產業學系合作，提供場地讓學生到廟內實習，其實習內容包含有商業禮儀、個人儀態、談吐應對、電話禮貌、文化導覽、心靈治療到伴手禮等一系列的課程規劃。而此類產學結合的型態，對於積極朝文化觀光之路發展的南鯤鯓代天府來說，或許亦是另一種培育自身管理人才的方式。

5. 廟宇整合

　　南鯤鯓代天府過去因王爺總廟的光環過於炫人，因此多具有「老大哥心態」，平常若無祭典儀式之舉辦，鮮少主動與其他廟宇交流、交陪。現任總幹事侯賢遜有感於潮流之快速變遷，加上本土文化重視度的相對提高，社會普遍對於傳統廟宇有更深的期待，不應該再作繭自縛，並開始積極規劃廟宇間的交流事宜

　　首先，先透過電腦化作業方式，建立起每年至南鯤鯓代天府進香之他廟進香團體的相關資料，接著以北、中、南、東的分區方式，分組進行各進香廟宇的拜訪工作，企圖建立起屬於廟宇自身的信仰網絡，更計畫在日後成立全台之「鯤鯓王聯誼會」信仰組織。

　　雖然在信仰體系中有所謂的階層性，亦即，分香分靈廟宇的王爺地位是比母廟王爺低的，而其再分香分靈廟宇的位階則又再低一階，依此類推。然而，廟宇畢竟還是需要由人來領導，而人與人之間的平等性，不該因王爺間的階層性而有所影響。這些進香廟宇其實可視為是隱形資源的一種，南鯤鯓代天府採取主動出擊的方式，降低姿態，不但可以拉近兩廟人員的關係，亦有助於兩廟資源的相互流通。換言之，現階段南鯤鯓代天府將廟宇整合視為一長遠的發展目標，正積極為此目標之達成而鋪路。

小　結

　　「廟宇」做爲一傳統文化的表徵，如何在逐漸多元且分工細緻的現代社會中發展和立足？相信這樣的問題不會是單一廟宇所必須面對的難題，近年來多數廟宇已開始重新自我定位，也開始積極地將觸角向外延伸。本章第一節主要先討論南鯤鯓代天府的建置及其相關傳說，南鯤鯓代天府從最早的鯤鯓山，到後來遷居槺榔山的三個發展歷程，出現多則關於建廟的傳說，而這些傳說又不脫廟地風水之說，例如鯤鯓山在地理風水屬「浮水金獅活穴」，而槺榔山的虎峰地屬「虎穴」，四季不生露水，大雨不溼其地，是爲上上地理。這些傳說在某個程度上說明了信徒對信仰的認知與想像，也透過傳說的傳播間接賦予廟宇存在的合理性，而寺廟則透過這些傳說來說明其廟歷史之久遠與靈驗。

　　第二節討論南鯤鯓代天府的組織型態與經營管理，發現傳統廟宇如欲轉型，領導者心態的改變是引導廟宇發展方向的重要關鍵。從早期的保守經營，到中期的文化觀光發展策略，再到近期的多元並進發展方式，南鯤鯓代天府在不同領導者的帶領下，逐漸朝向更多元、更符合現代人需求的面向發展。雖然筆者認爲侯賢遜領導時期到目前爲止具有企業化、年輕化、資訊化、學術化和廟宇整合等五項特色，但事實上，現在的南鯤鯓代天府仍處於積極轉型的鋪路階段，未來的發展會如何，還有待日後的持續關注與蹤追。

第三章　南鯤鯓代天府的祭典活動　與信徒分佈

　　宗教禮儀是構成宗教的基本要素之一，是宗教意識的行為表現，也是溝通人與神之間關係的表達方式，各宗教體系都按照各自的信條和教義，以及已成形的傳統方式，進行各種宗教崇拜。而在傳統民間信仰中，「刈香」、「進香」、「遶境」和「出巡」等即是相當重要的宗教儀式。

　　以南鯤鯓代天府為例，王爺向來就具有「代天巡狩」之神格，因此定期與不定期之出巡活動，乃是王爺信仰體系中，重要的信仰儀式之一；此外，南鯤鯓代天府又有王爺總廟之稱號，在台灣常被以指標性廟宇視之，每逢五王誕辰期間，廣大的廟埕總會擠進各地前來謁祖或暖壽的進香團體。「進香」的主要意義有兩層，一為信徒對神明的香火祈求，一為神明與神明之間的香火乞求。而在信仰儀式的實踐過程中，信徒的存在不容輕忽，信徒常常是致使一間廟宇香火鼎盛的主要來源，沒有信徒，一間廟宇的香火即無法傳播。因此，此章節主要針對此一現象，從儀式、信徒和分靈廟三個面向進行討論與分析，希望藉此瞭解南鯤鯓代天府與三者間的關係。

第一節　祭典儀式的功能與意涵

　　人類宗教信仰在本質上的特性包含有兩個重要的範疇，亦即信仰與儀式。前者是對超自然存在以至於宇宙存在的信念假設，後者則是表達實踐這

些信念的行動。儀式用以表達、實踐，以至於肯定信仰的行動，而信仰也會反過來加強儀式，使行動更富意義，所以信仰與儀式是宗教一體兩面的表現。〔註1〕

　　人類學家一向把人類的行為分為三大類，分別為實用行為、溝通行為及巫術宗教行為。英國人類學家 Edmund Leach 認為這三種基礎行為中的第二、三種，亦即溝通行為和巫術宗教行為，在基本上都是利用一套符號或象徵以表達人類內心感情與慾望的訊息，雖然其表達的對象不同，前者是以其他人為對象，後者是以超自然為對象，但實際上都是一種「儀式」，因此，又將這兩類行為合稱為「儀式行為」，前者可稱為「世俗的儀式」，後者則是一般所說的「神聖儀式」。〔註2〕

　　以民間信仰來說，實踐信仰的最主要方式即是儀式的舉行，舉凡祈福法會、進香、遶境、出巡等等皆屬此類，而進行儀式的空間，即是所謂的神聖空間。〔註3〕此空間可能是一有形的建築物，可能是一段距離，〔註4〕亦可能是一個行政區域或村落，總之，是一個可以被信徒具體感受到的對象物。此處儀式的作用，乃在於將抽象的信仰情感，投射於具體並可被感知的空間內，在此空間裡，信徒可以明顯感受到自身與神明的近距離接觸，並透過儀式的中介而得到精神上的安頓。因此，在華人的民間信仰中，神明的崇拜不過是一抽象概念，重點仍擺在各式祭典儀式的舉辦上。

　　民間信仰中的各種歲時節慶和神明祭典，是常民生活當中一個重要的社會實踐，它是透過農曆的文化時間以及儀式的語法系統，所形成的一套約定

〔註1〕李亦園〈談宗教〉，《說文化、談宗教——人類學的觀點》（台北：台大，2003）頁108。

〔註2〕李亦園〈現代化過程中的傳統儀式〉，《文化的圖像（下）——宗教與族羣的文化觀察》（台北：允晨，1992）頁109。

〔註3〕Eliade 認為，所謂神聖空間是指實存的神明（heirophany）所顯現的地方。所以是一個具體的空間，是一個具象化的空間，即使沒有人來祭拜的時後，這個空間的神聖性也不稍減損。而 Brereton 則擴大了所謂神聖空間的範圍，認為舉行儀式的地方即為神聖空間。甚至強調，一個普通空間只要在舉行儀式的時間內，它也就是一個神聖空間。轉張珣《文化媽祖——台灣媽祖信仰研究論文集》（台北：中研院民族所，2003）頁26。此處「神聖空間」之意涵乃採用 Brereton 的說法。

〔註4〕張珣曾利用神聖空間之概念來研究大甲媽祖進香之儀式，認為從大甲鎮瀾宮徒步至目的地（北港朝天宮、新港奉天宮）的這一段距離，即是所謂的神聖空間。收於氏著《文化媽祖——台灣媽祖信仰研究論文集》（台北：中研院民族所，2003）頁26。

俗成之集體知識與文化設置。〔註5〕南鯤鯓代天府雖以五王信仰馳名千里，但事實上，所奉祀之神祇並不僅限於五府千歲，除了有一般所認定之道教神祇外，尚有歸屬佛教的觀音佛祖（見表 3-1），不過平常較具規模的祭典儀式，仍以五府千歲和萬善爺之誕辰為主。南鯤鯓代天府的祭典儀式可分為不定期祭典、年例祭典和其它信仰儀式三種，以下則針對這三種形式的祭典儀式活動作一說明：

表3-1　南鯤鯓代天府所祀奉之神祇及其誕辰日

祀奉神祇	誕辰日	祀奉神祇	誕辰日
李府千歲（大王）	農曆四月廿六日	中軍府	農曆八月十八日
池府千歲（二王）	農曆六月十八日	虎將軍（虎爺）	農曆六月初六日
吳府千歲（三王）	農曆九月十五日	註生娘娘	農曆三月二十日
朱府千歲（四王）	農曆八月十五日	福德正神	農曆八月十五日
范府千歲（五王）	農曆九月廿七日	城隍爺	農曆五月十三日
萬善爺（囝仔公）	農曆八月廿四日	觀音佛祖	農曆六月十九日
玉皇上帝	農曆正月初九	地藏王	農曆七月廿九日

資料來源：南鯤鯓代天府管理委員會

（一）不定期祭典儀式

1. 出巡：

「出巡」即為出外巡視，一般乃指遶巡轄境，掃除妖氛，保佑地方安寧。在時機上又有定期舉行與不定期舉行兩種，後者通常是因為地方上「不平靜」，基於信眾要求而外出巡視，具有驅逐邪祟、保境安民的功能。出巡時常常需要大量的人力與物力，且往往也需要較長的時間，在往昔農業社會裡，農閒時還有餘力處理出巡等各項事宜，進入現代化的工商社會後，一般人在工作之外很少有長時間的空檔可以參與宗教活動，因此大部分廟宇以不定期出巡者為多。

「代天巡狩」在過去時代裡，意指巡按代替天子至各諸侯國察其政事，

〔註5〕林金龍〈美學、權力與消費——以大甲媽祖遶境進香活動為例之研究〉（嘉義：南華大學美學與藝術管理研究所碩士論文，93學年度）頁54。

而這也正是王爺信仰中非常重要的一個指標。出巡的意義乃在巡視察看其所屬轄區內是否有不潔之物，待之驅除，以求合境平安。因此，出巡又可視為是神明對於地方所進行的儀式。以南鯤鯓代天府來說，其出巡形式可分為定期與不定期兩種，以下則針對此兩類略述之：

① 定期出巡：

定期出巡又稱為「六十年大巡」。「南巡北狩，代天理陰陽」向來是五府千歲最重要的天職，因此自康熙廿二年（1683）「神明降壇，示諭出巡」以後，每逢一甲子末的「癸亥」年即舉行六十年大巡。自南鯤鯓代天府開府以來，目前已完成的癸亥年出巡已有六次（表 3-2），然實際上除了第六次（1983）的出巡高雄市有較詳盡之記錄外，其餘都缺乏完整的文獻資料。〔註6〕

表 3-2　南鯤鯓代天府癸亥年出巡明細

第一次	康熙 22 年	1683	三王吳府千歲主巡，地點不詳。
第二次	乾隆 8 年	1743	主巡王爺和地點不詳。
第三次	嘉慶 8 年	1803	主巡王爺不詳，環島一週，含澎湖。
第四次	同治 2 年	1863	主巡王爺和地點不詳。
第五次	大正 11 年	1922〔註7〕	五府千歲主巡，環島一週，含澎湖。
第六次	民國 72 年	1983	二王池府千歲主巡高雄市。

資料來源：黃文博《南鯤鯓》（台南：南鯤鯓代天府管理委員會，1992）頁 36。

但是為何選在癸亥年做為六十年大巡的指標？陳慶和在〈出巡的緣起〉一文中認為，在漢人社會中所使用的天干地支以一甲子六十年為一週期，癸亥年適逢最末年，故選擇以癸亥年做為出巡的指標，具有除舊佈新之象徵意味。〔註8〕

〔註6〕大正 11 年的第五次癸亥年出巡概況，可從當時的報紙《台灣日日新報》（1922/11/6），和目前所留下的部分文獻拼湊出大略情形，然實際上仍不甚完整。

〔註7〕以 60 年為一週期來說，癸亥年應為 1923 年，提早一年於 1922 年出巡乃因 1923～1937 年，南鯤鯓代天府進行「不動爐位，增高擴寬」之興廟工程，因此，該年出巡活動亦兼負有勸募捐款、籌措經費之任務。可參考黃文博《南鯤鯓代天府與澎湖廟關係之研究》（北門：南鯤鯓代天府管委會，2008）頁 34～35。

〔註8〕陳慶和〈出巡的緣起〉，收於《南鯤鯓代天府代天巡狩池府千歲癸亥年南巡高雄市專集》（北門：南鯤鯓代天府管理委員會，1984）頁 6～9。

② 不定期出巡：

南鯤鯓代天府的出巡活動，除了癸亥年的定期出巡之外，尚有不定期出巡。不定期出巡的原因不盡相同，多半是基於信眾要求而外出巡視。根據廟方記載，巡狩範圍遍及台澎各地，並於出巡過程與出巡地留下諸多神蹟，而這些神蹟透過信眾不斷地口耳相傳，反而強化了五王信仰在信眾心中的靈驗度。民國九十七年四月陣容龐大的澎湖出巡即屬於不定期出巡。南鯤鯓代天府五府千歲於戰後曾舉行兩次規模龐大的出巡儀式，一為民國七十二年的癸亥年南巡高雄，一為民國九十七年四月的鯤鯓王出巡澎湖，此部分細節另外詳述於本章第三節，此處即不贅言。

南鯤鯓代天府的出巡模式，除了上述兩種以外，還有一類是屬於「歲時出巡」，此類出巡可歸類為定期出巡的一種。此出巡模式現已不復見，主要實踐於清代至日治時期，出巡地有昔日的麻豆港街、鹽水港和府城，其中出巡麻豆歷時最久，一直持續至民國四十五年，完成麻豆代天府之建築工程才中斷此儀式。昔時南鯤鯓代天府會於每年三月出巡鹽水港（今鹽水鎮），四月初出巡麻豆堡（今麻豆鎮），五月出巡台南府城（今台南市）。巡狩鹽水時以「伽藍廟」為行宮；出巡麻豆時，麻豆的神明及信眾會聚集在海埔里王爺埔（因年年在此迎王爺，因而命名為王爺埔）恭迎王爺，巡狩期間假「保安宮」為行台。至於出巡台南府城，別具風貌。前清一代，路上交通不發達，縱闊蹊徑，終不如海運之便捷，故每年鯤鯓王出巡府城，均在南鯤鯓嶼的王爺港乘船，由海路經過安平，進入小西門駐駕城門腳的西定坊「良皇宮」為行台。〔註9〕駐駕期滿回鑾時，即遍巡城內外，繞行府城的大街小巷一圈，沿途鑼鼓喧天，號角頻吹，藝閣雜陳，譜出信徒送駕的人潮。〔註10〕而這些王爺出巡的盛況，從當時文人士子的作品中亦可見端倪，台南秀才許廷崙有詩〈鯤身王〉一首，即記述著王爺回駕時的情況和仕女送行的熱潮：

> 落花如塵香不歇，紫蕭吹急夕陽沒。靈旗似復小徘徊，解纜風微記
> 不發。碧波涵鏡逗人清，照見輕粧水底月。龍宮百寶縱光怪，洛水

〔註9〕 〈祭典與歷史文物〉，收於《南鯤鯓代天府五府千歲、觀音佛祖、萬善爺神蹟介紹講習會講義》（北門：南鯤鯓代天府管理委員會，2005）頁46～47。

〔註10〕 南鯤鯓代天府管委會編《鯤鯓王出巡澎湖說明會》（台南：南鯤鯓代天府管理委員會，2007）頁12。蔡相輝《台灣的王爺與媽祖》（台北：台原出版，1992）。

明瑙漢皋珮。淫佚民心有識傷，昇平餘事無人績。神來漠漠雲無心，

神去滔滔江水深。士女雜沓舉國狂，年年迎送鯤身王。〔註11〕

根據許廷崙的觀察，鯤鯓王年年至府城出巡，並透過海路往返。夾道迎送的仕女非常多，往往顯得擁擠不堪，從末兩句「士女雜沓舉國狂，年年迎送鯤身王。」即可瞭解當時鯤鯓王出巡府城之熱鬧景況。除此之外，晚清進士許南英在其《窺園留草》〔註12〕中亦有一首描寫鯤鯓王出巡府城的情形：

鯤鯓王入小西門，一月香煙不斷溫。

回駕遍遊城內外，下船時節已黃昏。

咸豐九年（1859），彰化陳肇興的《陶村詩稿》亦有詩云：

荷蘭城外一聲雷，鑼鼓喧闐幾處催。

儂向南鯤賽神去，郎從北港進香來。〔註13〕

從陳肇興的詩可以發現，南鯤鯓出巡之盛況在當時已足以媲美北港媽祖進香，〔註14〕成為全台士紳、民眾眾所周知的南北兩大進香繞境活動，且這樣的儀式展演同時也帶有「狂歡」、「喧闐」、全民參與的嘉年華會性質，〔註15〕透過此迎王儀式與巡程建構的王爺意象，不但具有一定的宣傳和示範效果，更讓鯤鯓王信仰往外拓展，香火更為鼎盛。〔註16〕

〔註11〕 許庭崙，〈鯤身王〉，收錄於《瀛洲校士錄》，此書乃道光 27 年（1847），徐宗幹（翌年任臺灣道）至海東書院講學，選刊諸生寫得新樂府六章而成。此處轉引自連橫編《台灣詩乘》卷三，收錄於《連雅堂先生全集》（南投：台灣省文獻委員，1992）頁 136。連橫在《台灣詩乘》中對此詩亦有如下註解：「按南鯤身在安平之北，距治約二十里，其王來郡，駐良皇宮，六月始歸。男女進香，絡繹不絕，刑牲演劇，日費千金，而勾闌（按：妓院）中人祀之尤謹。」

〔註12〕 許南英《窺園留草》（南投：台灣省文獻委員會，1993）。

〔註13〕 陳肇興，《陶村詩稿》，文叢第 144 種，頁 49。

〔註14〕 類似說法亦見於當時報導：「臺南市人敬奉南鯤鯓王爺。不減北港天上聖母。及崗山觀音大士。每年舊曆六月間。則稅駕於下大道街大道公廟。各街輪日祭祀。絡繹不絕。……」見《台灣日日新報》〈競尚奢華〉，1912/7/29。

〔註15〕 李豐楙曾以西港和東港迎王為例，討論儀式展演所表現的「非常」、「若狂」的意義與象徵，認為透過儀式可以消除群體對立，產生潔淨和融合之效果。參見：〈迎王與送王──頭人與社民的儀式表演〉，《民俗曲藝》（第 129 期，2001/1）頁 1～42。李氏又有〈嚴肅與遊戲──從蜡祭到迎王祭的「非常觀察」〉，對照西方有關慶典的嘉年華理論，說明人類對於節慶的集體需求。《中央研究院民族所集刊》（第 88 期，1999）頁 135～172。

〔註16〕 林玉茹認為鯤鯓王會以麻豆、鹽水和府城為主要出巡對象的原因，與內海的陸化和港口的商業機能有密切關連。昔時鹽水港街與麻豆港街乃對外通商貿易之重要聚集地，港街的存在，象徵著商業繁榮和人口聚居，也因此才有足

2. 建醮：

醮祭，是台灣民間信仰中非常重要的祭禮，所謂「醮」，原始的意義僅是祭神，後來慢慢變成由僧人、道士搭壇獻祭都稱為醮。台灣的醮祭，在民間已成為道教各類祭儀中最莊嚴、最盛大的祭祀活動。醮的類形極多，有清醮、王醮、水醮、火醮、慶成醮、中元醮、神明誕醮和羅天大醮等，醮期亦有定期與不定期之分，醮日則有一朝、二朝、三朝、五朝、七朝和四十九朝數種。〔註17〕

南鯤鯓代天府今日之廟貌乃是經歷一次遷建，一次重建和多次修建，才有現今之規模，自康熙元年（1662）建廟開府至今只舉行過一次建醮儀式。大正十二年（1923）時，曾因廟貌簡陋，規模狹隘，不堪容納各地眾多之進香團，因而由時任北門庄長的王謀與當地仕紳倡議捐款重建廟宇，歷時十四年，直到昭和十一年（1937）才正式完工。工程結束後，隨即向五府千歲求筊，擇定翌年十月廿五日舉行落成大典，並於同月廿八日舉行祈安清醮，不料隨後即爆發中日戰爭，日人認為建醮慶典必定聚集大量人潮，恐生意外，乃力加制止。〔註18〕直到戰後民國五十幾年，南鯤鯓代天府信徒代表才以萬善堂完工後亦未曾舉行慶成謝土，加上建廟開府三百年來尚未建醮為由提議建醮，乃於民國五十四年五月二日第四屆第三次信徒代表大會上，通過建議董監事會策劃建醮。會議結束，全體董監事乃上香將此意告知五府千歲，並恭請起駕降示，直到民國五十七年三月十七日五府千歲才起駕降旨，擇定歲次戊申菊月（即民國五十七年十一月）舉行「南鯤鯓代天府五府千歲建廟三百週年紀念舉行慶成祈安五朝清醮暨萬善堂落成大典」，董監事會隨即於該年四月十二日，正式成立建醮籌備委員會，〔註19〕進行建醮儀式之籌備，此醮祭又稱三百年醮。〔註20〕民國五十七年五月十日，籌備委員上香恭請五府千

夠的財力、人力負荷如此龐大的出巡活動；而內海陸化的情形不但有助於交通的改善，亦有助於五王信仰之傳播。詳見林玉茹〈潟湖、歷史記憶與王爺崇拜──以清代南鯤身王信仰的擴散為例〉，《台大歷史學報》（第43期，2009/6）頁43～85。

〔註17〕黃文博〈台南縣西南沿海地區的廟會型態與特色〉《南瀛文獻》（第33卷，1988）頁142～143。

〔註18〕吳永梱〈建醮緣起〉，收於《南鯤鯓代天府戊申建醮紀念特刊》（台南：南鯤鯓代天府管理委員會，1969）頁4～5。

〔註19〕該會設有總務、佈置、招待、祭祀、保安、庫房和廚房七組，各組置組長一名，輔導員、組元、工人各若干名，該會於建醮有關事務完成後，自動撤銷。

〔註20〕吳永梱〈建醮緣起〉，收於《南鯤鯓代天府戊申建醮紀念特刊》（台南：南鯤鯓代天府管理委員會，1969）頁4～5。

歲起駕指示建醮日期及選拔斗燈個數。翌日凌晨零時，五府千歲起駕指示，擇定民國五十七年農曆九月十一日起，舉行建醮大典，設十七個斗燈，祭拜用豬羊及金紙付數，並指示入醮三日前開始素食。

隨即於該日上午五時起，在五府千歲前擲筊選拔斗燈，計有四十八個單位參加選拔，全程由董事長謝錫周主持。選拔方式在五府千歲前設五龍香案，向玉皇上帝求筊決定，以每一斗燈所得筊數最多者為斗燈首中選人。〔註21〕斗燈為民間醮儀中常見的象徵物，許多寺廟也都會定期舉辦所謂的「禮斗法會」。斗燈代表一個人的元辰（亦說「元神」），象徵長明光亮、生生不息的生命，在法會、醮儀中由法師或道士誦經，可以消災祈福，避除斜穢。此醮典中，斗燈的基本結構是一個筒狀容器，裡面置有鏡（光明）、秤仔（公道）、尺（公道）、劍（保身康寧）各一件，和財子壽三字（吉祥）。每一斗燈，必選斗燈首一單位為建醮之代表人，並參與科儀之禮拜。通常中選斗燈首者，都會認為是神明偏愛庇佑，因此引為光榮之事，故選拔斗燈為建醮時最受人重視的項目之一。民國五十七年的戊申建醮中，共選拔出十七個斗燈首。

表3-3　戊申建醮中選斗燈首者

1	主會首	高雄市鼓山區代天宮	10	地宮首	台北縣三重市嘉天宮
2	副會首	布袋鎮新塭嘉應廟代表林河順	11	水官首	台南紡織股份有限公司
3	協會首	北門鄉仁里村仁安宮	12	天師首	嘉義縣布袋眾弟子
4	都會首	北門鄉蚵寮保安宮	13	北極首	嘉義縣布袋鎮岱江里蔡義
5	主醮首	北門鄉赫安宮代表陳楚	14	紫微首	北門鄉福安宮代表謝清標
6	主壇首	雲林縣口湖鄉口湖村李皆得	15	慶成首	北門鄉三寮灣東隆宮
7	主普首	高雄市鼓山區救世壇代表李楠	16	啟榜首	屏東市代天宮主委吳文德
8	玉皇首	台南縣新營市吳進興	17	拜斗首	布袋鎮護安宮代表林海水
9	天官首	台中市北區保安宮			

資料來源：吳永梱〈籌備經過〉，收於《南鯤鯓代天府戊申建醮紀念特刊》（台南：南鯤鯓代天府管理委員會，1969）頁10～11。

一般來說，建醮的目的，在於慶祝廟宇落成與祈求風調雨順，國泰民安，

〔註21〕吳永梱〈籌備經過〉，收於《南鯤鯓代天府戊申建醮紀念特刊》（台南：南鯤鯓代天府管理委員會，1969）頁10～11。

並慰祭護國英靈，超渡無祀孤魂，而科儀法事是建醮大典最主要的項目，易言之，即為寺廟慶成祈安之主要儀式。所謂慶成，是指慶祝廟宇落成，所謂祈安，則是祈求風調雨順，國泰民安。有時「慶成」與「祈安」分開舉行，惟南鯤鯓代天府自康熙元年建廟以來，未曾建醮，故將慶成與祈安兩項科儀，予以合併舉行；另因萬善堂重建落成，乃同時舉行萬善堂慶成謝土，故名之「慶成祈安清醮」。〔註22〕

戊申建醮祭典舉辦時間從民國五十七年農曆九月十一日起至十七日止，一連舉行七天，科醮法事包括水火醮科儀，萬善堂慶成謝土科儀，代天府慶成祈安五朝清醮科儀，普渡及完醮等。科醮法事禮聘嗣漢六十三代天師張恩溥主醮，張天師受職大法師金登富主壇，共設十七為斗燈首參與禮拜，由南鯤鯓代天府董事會董事長謝錫周主祭，全體董監事等陪祭。

民國五十七年農曆九月十一日凌晨零點起關閉廟門，隨即點燃斗燈，揭開戊申科醮大典之序幕，此醮典內容共分為立燈篙、水火醮科儀、萬善堂慶成謝土科儀、代天府慶成祈安五朝清醮科儀、普渡和完醮六大部分，以下則依進行時間先後分別略述之，各科儀表詳見附錄。

① 立燈篙

民間信仰中的燈篙，向來被視為請神招鬼最重要的器物，大部分的醮祭法會及普渡祭典，都把豎燈篙視為最重要的起頭戲，亦為醮典先聲，其意義在於恭迎帝駕，大降祥光，賑恤孤幽甲登仙界。一般而言，醮祭法會早在入醮前數日，甚至十天之前就得豎燈篙，普渡祭典則在祭禮前一至三天。豎燈篙之前先決定燈篙的形制，並派人找回留頭帶尾的長竹子，並在預定的高度裝好滑輪，穿好繩子，預定豎燈篙的地方也要先挖好地洞或打下木樁，此外，其他諸多配件也要事先準備妥當。

南鯤鯓代天府戊申建醮所豎燈篙，以竹為材，長五丈上下，在竹竿上端繫結紅色透明圓燈一個，矗立雲霄，豎立於醮典正式開使前三日，即民國五十七年農曆九月八日上午八時，於祭典期間日夜放亮，謂之「虔誠之燈」，表示光明磊落，天下太平。此一科醮中共豎廿三支，代天府五支，豎於廟前，即主神李、池、吳、朱、范五府千歲五尊；萬善堂一支，豎於堂前，即主神萬善爺一尊；斗燈首十七支，豎於斗燈首綜合壇前，分豎兩排，代表十七名

〔註22〕吳永梱〈建醮大典〉，收於《南鯤鯓代天府戊申建醮紀念特刊》（台南：南鯤鯓代天府管理委員會，1969）頁21。

斗燈首。醮祭法會的豎燈篙，是一個重要的預備動作，自此以後廟方人員及各斗首都必須齋戒，以虔誠之心迎接醮典的到來。

② 水火醮科儀

火醮或謂「禳熒祈安」，顧名思義，原應舉行於大火災之後，旨在送火王出境，冀免再罹其禍，並祈死者超生，生者獲福。水醮或謂「禳湟祈安」，顧名思義，洪水氾濫成災，淹斃居民時即舉行之，冀免再遭殃，並祈死者之冥福，不致作祟貽害地方。南鯤鯓代天府戊申教醮水火醮科儀舉行時間為農曆九月十一日凌晨零點起，整個儀式一直持到至下午九時，科儀進行順序為：開壇奏樂（入醮前）→起鼓入醮（凌晨零時）→發表〔註23〕開光→請聖證明→玉樞寶誥→北斗真經→三官妙經→祭祀天旗（上午九時）→道場陞壇（上午十時）→獻供敬花（正午）→三元寶懺（第一卷）→三元寶懺（第二卷）→三元寶懺（第三卷）→水王、火王酌獻→送火王回駕（下午八時）→關祝萬靈聖燈（下午九時），之後暫停法事，待時刻入五朝清醮。

③ 萬善堂慶成謝土科儀（一朝）

萬善堂主祀囝仔公，為了廣納更多的香客，以不動爐位和方向原則，增築兩廂及鐘鼓樓，民國五十六年八月十七日開工，翌年竣工落成，因此萬善堂慶成謝土亦為此醮典的一部分。萬善堂慶成謝土科儀於民國五十七年農曆九月十一日正午十二時起。科儀進行順序為：引鼓入醮（正午十二時）→皇壇奏樂→發奏表文（下午二時）→請神安座→北斗真經→奠安土府（下午五時）→上元寶懺→中元寶懺→獻奉奇花（下午七時）→下元寶懺→萬靈星燈→謝三界→謝壇完滿（翌日上午十一時）。

④ 代天府慶成祈安五朝清醮科儀

代天府慶成祈安五朝清醮科儀進行時間，從民國五十七年農曆九月十二日凌晨零點起，至九月十六日晚上結束，共計五日。其科儀進行順序如表3-4所示：

〔註23〕 「發表」儀式為整個法會的開始，由法師誦經並宣讀疏文，意在上詰天上諸神法會的進行，禮請諸神前來鑑醮。

表 3-4　代天府慶成祈安五朝清醮科儀表

第一天科儀（農曆九月十二日凌晨零點起）
排壇→焚油滌穢→鬧廳奏樂→引鼓入醮（凌晨零點）→玉壇發表、功曹傳送→啟請神祇、迎鑾接駕→行香安灶→各壇酌獻、安座→祀旗掛燈（上午八時）→玉樞眞經→天師拜斗（上午十時）→香厨妙供（正午）→各壇頂禮→北斗眞經→奠安土府、插柳招祥→朝天寶懺（第一卷）→皇壇奏樂→三官妙經→祝燈延壽（下午九時）→朝天寶懺（第二卷）→禮拜天尊（下午十一時）→暫停法事。
第二天科儀（農曆九月十三日）
皇壇奏樂→早啓諸聖→次早道場（上午六時）→朝天寶懺（第三卷）→朝天寶懺（第四卷）→朝天寶懺（第五卷）→二午清供（上午十一時）→起拜聖眞→天師拜斗（下午四時）→朝天寶懺（第六卷）→啓聖啓詩（第一次）→皇壇奏樂→救水禁壇（下午九時）→謝師謝聖→暫停法事。
第三天科儀（農曆九月十四日）
皇壇奏樂→早朝啓聖啓師→呈請青詞（上午六時）→早朝謝師謝聖→朝天寶懺（第七卷）→午朝啓聖啓師→午朝行道（上午十時）→午朝謝師謝聖→三午進供（正午）→朝天寶懺（第八卷）→朝天寶懺（第九卷）→天師拜斗（下午四時）→皇壇奏樂→朝天寶懺（第十卷）→晚朝啓聖啓師→晚朝行道（下午九時）→晚朝謝師謝聖→暫停法事。
第四天科儀（農曆九月十五日）
皇壇奏樂→重白至尊（上午五時）→各壇行香→結誦度人（第一卷）→度人妙經（第二卷）→拜榜張掛（上午十時）→繼誦度人（第三卷）→天厨獻供（上午十一時）→各壇頂禮→三元寶懺（上卷）→三元寶懺（中卷）→天師拜斗（下午四時）→燃放水燈〔註24〕（下午五時）→三元寶懺（下卷）→皇壇奏樂→玉皇眞經（上卷）→玉皇眞經（中卷）→各壇酌獻→玉皇眞經（下卷）（下午十時）→暫停法事。
第五天科儀（農曆九月十六日）
鈞奏仙奏→啓請三界→禮拜諸聖→天師拜斗（上午八時）→燈台拜表（上午十時）→敬奉聖眞→天厨香供（正午）→各壇頂禮→犒勞軍兵→灑孤淨筵〔註25〕（下午一時）→奉迎大士→普渡孤幽（下午二時）→皇壇奏樂→關祝星燈→完滿正醮（下午九時）→救給符令→三界回駕→謝壇送聖→化紙→醮完五朝。

資料來源：吳永梱，《南鯤鯓代天府戊申建醮紀念特刊》（台南：南鯤鯓代天府管理委員會，1969）頁 23～30。

〔註24〕放水燈最早的目的在，是爲水中孤魂野鬼照路，邀請他們上岸共享普渡，這樣才能使水、陸兩界的孤魂野鬼能平安不作祟。

〔註25〕指道士於普渡會場中巡視祭品，一一施灑符水。清淨各種祭品，以視誠心敬獻，同時檢視祭品的位置與數量是否恰當。

⑤ 普渡

所謂普渡，是慰祭護國英靈，並超渡無祀男女孤魂，使其等一律脫離幽冥，早登暗道，祈求合境平安之儀式，爲建醮大典科儀項目中，最後一般信徒重視的一個項目。南鯤鯓代天府戊申建醮普渡祭典，是於完醮前一日，即農曆九月十六日，正午十二時起至晚上八時止，由嗣漢六十三代張天師主持遙祭。〔註26〕普渡結束後，全體斗燈首暨大典工作人員，解除素食。

普渡分爲兩類，一爲綜合普，另一爲贊普。前者以十七爲斗燈首爲主體，後者則指一般信眾的贊助普渡。普渡場分爲陸地與海上兩區，陸地普渡場設於廟宇周圍空地，共設六處，佔地約六甲；海上普渡場一處，設於廟邊急水溪漁船上，場地約佔一甲。〔註27〕

⑥ 完醮

科醮最後一天，謂之完醮。南鯤鯓代天府戊申科醮的最後一天（第七天），爲農曆九月十七日。是日上午七時，由台南縣學甲鎮新榮里「御前清客」國樂團主持啓開廟門儀式，儀式畢，隨即起開廟門及醮門，參加鑑醮神佛及香陣，開始分別賦歸。次日上午八時，舉行謝燈篙儀式，禮成後，各斗燈首隨護斗燈及燈篙，分別踏上歸途。〔註28〕

南鯤鯓代天府戊申建醮又稱「三百年醮」，前後歷時七日，場面盛大，日日湧進上萬名進香客，〔註29〕可說是戰後南鯤鯓代天府首次舉行如此盛大之祭典儀式。此醮典儀式的舉行，除了帶有宗教上祈安求福、國泰民安的象徵意味，亦具有以下三點文化意涵：

一、事業有成的旅外鄉人得以藉此回饋鄉里。在此次醮典中，台南縣北

〔註26〕 吳永梱〈建醮大典〉，收於《南鯤鯓代天府戊申建醮紀念特刊》（台南：南鯤鯓代天府管理委員會，1969）頁36～37。

〔註27〕 吳永梱〈建醮大典〉，收於《南鯤鯓代天府戊申建醮紀念特刊》（台南：南鯤鯓代天府管理委員會，1969）頁37。

〔註28〕 吳永梱〈建醮大典〉，收於《南鯤鯓代天府戊申建醮紀念特刊》（台南：南鯤鯓代天府管理委員會，1969）頁41。

〔註29〕 每日至廟朝拜之信徒，根據廟方統計，如下所示：第一天（9/11）估約兩萬名，第二天（9/12）估約三萬名信徒，第三天（9/13）估約四萬名，第四天（9/14）估約七萬名，第五天（9/15）估約十萬名，第六天（9/16）估約二十萬名，第七天（9/17）估約二萬名。其中第六天因有普渡儀式，故參與人數較其它日倍增。此統計數目只是粗估，並未將重複人數減去，但仍可看出此醮典場面之盛大，參與人數之眾。參考吳永梱〈建醮大事記〉，收於《南鯤鯓代天府戊申建醮紀念特刊》（台南：南鯤鯓代天府管理委員會，1969）頁41。

門區出身，旅外實業界鉅子吳三連、侯雨利、吳尊賢、吳修齊、吳俊傑、侯永都、吳將興等人，為紀念南鯤鯓代天府戊申建醮，發起籌募五府千歲獎學金運動，並率先捐獻廿萬元倡導；此外，台南紡織股份有限公司，為響應籌募五府千歲獎學金，亦派員在醮場義賣計溫器及風景明信片，並將所得款項，悉數移充獎學基金。〔註30〕

　　二、與其他廟宇建立友好關係，並共享資源。醮典的舉辦，往往需要耗費大量的人力、物力與財力，若非聚集眾人之力，實難以完成。而其他參與廟宇或財力尚在許可範圍內之信眾，一方面為了表示自己虔誠之心，一方面為了展示自己的能力，多半會有所捐獻。〔註31〕醮典儀式規模龐大，絕非單一廟宇可獨力完成，其他廟宇的積極投入，及其所帶來的資源，都是使醮典得以順利完成的主要因素之一。

　　三、信徒集體記憶之建構。儀式一方面營造了異於平日的情境，使人們脫離了日常生活的步調；一方面透過重複實踐的過程，內化成生命經驗的一部分，同時也建構了一群人的集體記憶。因為當一群人共同舉行一種儀式時，基本上已經是一種我群關係的宣稱，在人們的意識裡，這一行動已經生產出一個意識的對象，也是一種從個體的「我」到集體的「我們」（王爺的信徒）的宣稱，因此也可以說，儀式使置身於情境中的個體對群體產生認同，而此認同也會透過儀式而進行再強化的作用。

（二）年例祭典儀式

　　所謂的年例祭典，是指每年固定舉行之祭典儀式。其儀式種類有南鯤鯓代天府最廣為人知的王爺祭進香潮、中元普渡、乞龜法會、插頭爐香、神佛開爐、過平安橋儀式和平安鹽祭祈福法會，以下則針對這些祭典儀式略述說明之。

1. 神明誕辰（進香）：

　　朝聖或進香是世界許多宗教都有的重要現象，對個人和團體皆有重要的功能和象徵意義。進香在台灣一直是很重要的宗教活動，也有不少學者對這

〔註30〕吳永梱〈建醮大事記〉，收於《南鯤鯓代天府戊申建醮紀念特刊》（台南：南鯤鯓代天府管理委員會，1969）頁52～53。

〔註31〕例如在此次醮典中，即有十七單位斗燈首聯合獻建崇聖台，主會首高雄市代天宮獻建慶成閣，地官首三重示嘉天宮獻建天鳳閣，都會首蚵寮保安宮獻建安龍閣，嘉義縣布袋鎮蔡氏信徒共同捐獻旗桿。

個現象曾經進行研究。〔註 32〕一般來說，進香是指前往祖廟，或是歷史悠久且香火又較為鼎盛的廟宇乞求新的香火，以更新並增強神祇之靈力。信徒在早期，多半會到中國的祖廟朝聖，日治時期之後則多限在台灣內部進行，直到人民去中國的禁令取消，至中國進香才又恢復；甚至在政府未開放之前，即有一些規模較大的廟宇就曾組團至大陸朝聖。〔註 33〕在台灣本來就有不少歷史長遠的進香活動，七〇年代以後，由於經濟繁榮、交通便利，組織進香團包租遊覽車到各地進香遊玩的民眾愈來愈多。〔註 34〕

進香是指個人或組團到他地的廟宇燒香拜神。進香活動不僅可視為是人對神的儀式，同時也是廟宇與廟宇間相互交流的依憑，進香與寺廟歷史和香火淵源之關係尤其密切。至於進香的由來和組織，顧頡剛認為是從周代的「社祭」演變成為後來各地各村的「社神」崇拜，因此，進香信徒所組成的「香會」，即是從前的「社會」（鄉民祀神的會集）的變相。〔註 35〕而進香的意義為何？宋龍飛認為進香含有兩層意義，一是信徒對於神明的香火祈求，一是神明與神明之間的香火乞求。〔註 36〕亦即分靈廟或分香廟，每年定期於母廟主神的誕辰日前，組織香團或陣團，返回母廟或權威廟謁祖或朝拜，一來暖壽、交誼和建立關係，二來乞火、過爐，以增強神力。所謂的「乞火」意指位階較低之廟宇向位階較高之廟宇分霑香火之儀式，〔註 37〕對分靈廟或分香廟而言，這是一種從屬關係的進香，而對母廟或權威廟來說，這段廟宇前來進香的時期，就是進香期，俗稱香期。〔註 38〕

〔註32〕例如黃美英的《台灣媽祖的香火與儀式》（台北：自立晚報，1994）與張珣的《文化媽祖》（台北：中研院民族所，2003）二書對於大甲鎮瀾宮八天七夜的進香儀式皆有詳細的討論與分析。

〔註33〕廟方表示，當年至中國探親的禁令解除後，許多廟宇紛紛掀起一股「尋根」潮，而南鯤鯓代天府亦基於好奇心之趨使，亦於民國 77 年以旅遊之名義，組團至中國探尋五府千歲之源頭，後來無功而返。訪談祭祀組洪高舌組長，2009/9/19。

〔註34〕瞿海源〈術數、巫術與宗教行為的變遷與變異〉，收錄於氏著《台灣宗教變遷的社會政治分析》（台北：桂冠，1997）頁 125。

〔註35〕顧頡剛《妙峰山》（台北：福祿圖書公司，1969）頁 11。

〔註36〕宋龍飛《民俗藝術探源》（台北：藝術家，1982）頁 224～244。

〔註37〕在民間信仰體系中，廟與廟的神祇之間有所謂的階層性，通常分香、分靈廟宇之位階會較母廟為低，而其再分香分靈廟宇，則又更低一些，依此類推。

〔註38〕黃文博〈台南縣西南沿海地區的廟會形態與特色〉，《南瀛文獻》（第 33 卷，1988）頁 132～133。

　　每逢五王與萬善爺誕辰，主祀該神的各地廟宇，都會在該神聖誕日之前，返回南鯤鯓代天府進香過爐，不但爲五王暖壽，也爲自己廟裡的王爺充電增強神力。而歲時進香大致可劃分爲四個高潮期，即所謂的進香旺季：〔註39〕

表 3-5　南鯤鯓代天府每年主要香期

	日期	主祀王爺	誕辰日
第一期	4/22～4/27	大王　李府王爺	4/26
		五王　范府王爺	4/27
第二期	6/14～6/18	二王　池府王爺	6/18
第三期	8/11～8/24	四王　朱府王爺	8/15
		萬善爺（囝仔公）	8/24
第四期	9/11～9/15	三王　吳府千歲	9/15

資料來源：南鯤鯓代天府管委會。

　　根據廟方所統計的各地進香廟宇資料顯示（表3～6），以台南王爺進香廟宇爲最多，其次是嘉義、高雄、屏東，以東部進香廟宇數量爲最少，戰後，隨著社會經濟結構的改變，許多人爲了工作之需求遷往北部，並長期定居於該地，爲了免除南北往返之奔波，往往會以分靈、分香的方式，於新住處成立分香、分靈廟宇，因此北部的進香廟宇數亦隨著人口的流動而有增多之趨勢。

表 3-6　南鯤鯓代天府全台進香潮聖廟宇統計表（2009）

縣　　市	廟宇數	縣　　市	廟宇數
基隆市	286	嘉義縣	1396
台北市	803	台南縣	1629
台北縣	2023	台南市	530
桃園縣市	734	高雄縣	1079
新竹縣市	231	高雄市	1147
苗栗縣	291	屏東縣市	1040
台中縣市	1038	台東縣	130

〔註39〕黃文博《南鯤鯓》（台南：南鯤鯓代天府管理委員會，1992）頁 28～30。

南投縣	138	花蓮縣	69
彰化縣市	910	宜蘭縣	152
嘉義市	403	合計	14979

資料來源：南鯤鯓代天府管委會。

　　一般來說，進香團於進香日前數日或數月，即會向欲進香之廟宇寄發香條告知，而香條上往往會寫明欲前往進香之宮廟名稱、宮廟所在地，及欲進香日期。以南鯤鯓代天府進香之廟宇為例，其香條寄送時間不定，有三個月前，亦有進香前一週才寄發香條通知，通常有需要安排住宿之廟宇，多會較早通知廟方，以方便廟方得以事先安排。

　　除了上述之王爺祭典教為人所熟知外，青山寺所奉祀之觀音佛祖誕辰期間，同樣也有其它佛寺前來朝聖。根據筆者田調所蒐集的資料得知，位於高雄縣仁武鄉的「古巖寺」，其主持釋德華（俗名洪阿隨），因祖籍位於台南縣北門鄉蚵寮，因此選擇以南鯤鯓代天府的青山寺為其母廟，每年四、五月都會帶領大批信徒前往青山寺朝聖。於南鯤鯓代天府大牌樓處下車整隊後，在莊嚴的佛號聲中，三步一跪至青山寺，以此莊嚴的朝聖儀式表示敬意。〔註40〕由此可見，傳統廟宇所具備的強大包容力與多元性。

2. 中元普渡：

　　七月民間俗稱鬼月，各地皆以豐盛祭品普施「好兄弟」。南鯤鯓代天府亦會於初一懸掛「普渡公燈」於廟左廊間，為孤魂野鬼照明冥路；復於十日下午隆重舉行大普渡，設主會、副會、主醮、主壇、主普等五座斗燈，供附近塭頭和商家乞求公普。〔註41〕

3. 乞龜槓炮台：

　　「龜」在傳統中國文化中是「四壽靈」之一，也是長壽的象徵，民間在敬神、婚禮、祝壽等喜慶時都喜歡用各類食材作成龜，以增加吉祥的氣氛，依其材料不同有米龜（紅龜粿）、麵龜、麵線龜、雞蛋糕龜，甚至以錢幣作成的金錢龜、以黃金打製的金龜等。各類型的「龜」，是民間敬神時不可少的供品，經常成為向神明乞願、還願的重要表徵。〔註42〕

〔註40〕訪談關公組主任陳思妤，2009/9/3。
〔註41〕黃文博《南鯤鯓》（台南：南鯤鯓代天府管理委員會，1992）頁34。
〔註42〕謝宗榮《台灣傳統宗教文化》（台中：晨星，2003）頁219～220。

「乞龜」即乞求龜壽，俗信可延年益壽。南鯤鯓代天府乞龜儀式分爲兩種，一種即爲平常的乞龜，一種則是乞求龜王，前者沒有特別限制，任何人都可以乞求，程序爲先於萬善爺廟前擲筊，求得三聖筊後，直接將香插於龜上，表示此隻龜已有人乞得，乞得龜者，再至萬善爺廟辦理登記。乞得龜者可將其攜回分食以求福，翌年必須還奉雙倍以上，甚至是十倍的龜，依信徒個人許願的程度而定，而所還的龜又成爲信徒乞願的供品。乞求龜王則需要另行登記，再統一擲筊決定最後獲得者。通常乞龜者多爲一般信眾，而龜王規模往往多達五六百斤，因此乞求龜王者則多爲角頭宮廟或公司行號所登記，乞得龜王者，另可奉迎開基萬善爺回去祭拜，一般多爲宮廟乞得。

乞龜王儀式的熱鬧氣氛不亞於神明誕辰，通常乞得龜王的宮廟，將龜王與開基萬善爺迎回後，必須舉行團拜，並於團拜後宴請賓客；而龜王必須於該廟坐鎮三天，三天後始得分食於該廟之信眾。在乞龜王儀式中，對於乞得龜王的宮廟來說是一吉利的象徵，將龜王迎回祭拜後，不僅可以與地方信眾共享此福分，亦可爲該宮廟帶來人潮營造熱鬧氣氛，此儀式之舉辦，實具有整合人群，凝聚人心之文化意義。

「槓炮台」也稱「射炮台」，以爆竹攻之，中者可帶來好運。每年農曆八月廿四日，是萬善堂「囝仔公」的聖誕正日，除在此之前的進香廟會之外，當日亦會舉辦「乞龜法會」和「槓炮台」的民俗活動，由信徒自由參加。〔註43〕

4. 插頭爐香：

每年農曆正月初一清早，來自全台各地的信徒皆齊聚廟前，眾人爭相擠入廟內，首位者便擁有插「開基五王」正爐之資格，此乃一年之第一支香，一般信眾相信必可討到吉利，故每年參加者眾。〔註44〕

5. 神佛開爐：

南鯤鯓代天府於每年農曆十二月廿四日送神，翌年農曆正月初四中午十二時接神，接神之後立即舉行「卜開爐」儀式，由信徒自由參加，採事前報名登記制（報名方式見附錄），欲參加卜開爐者，每尊神佛必須先捐獻三百元，目前廟方計有八十多尊神像供信徒卜開爐。卜開爐之儀式，是在拜亭按報名順序逐一點名擲筊，聖杯次數多者得之，可請開爐神佛回家供祀七天，至十

〔註43〕黃文博《南鯤鯓》（北門：南鯤鯓代天府管理委員會，1992）頁34。
〔註44〕黃文博《南鯤鯓》（北門：南鯤鯓代天府管理委員會，1992）頁31。

一日恭送回府，〔註45〕該晚廟方則會舉辦平安宴，宴請諸位。此儀式之舉辦，以廟方之立場來論，不僅可以吸引大量人潮，製造熱鬧氣氛，達到為廟宣傳之效果，同時又可為廟方帶進為數可觀之香油錢；而以信眾立場來論，則認為「開正卜開爐，好彩得福祿」，因此每年參加之信眾皆有上千人之多。

6. 過平安橋：

又稱「百足眞人七星平安橋法會儀典」，首創於民國八十三年。根據目前擔任營建組組長的洪高舌表示，此構想來自於民國八十一年的文化祭典，該祭典主要是為了慶祝楝椰山莊落成所擴大舉辦之民俗文化活動。〔註46〕祭典上有一百足眞人（蜈蚣陣）的陣頭活動，活動內容乃由五至十二歲學童裝扮神童三十六天罡，七十二地煞），排排而坐，民間認為蜈蚣陣可驅邪除穢，祈安納福。過平安橋活動尚未舉辦之前，每年正月則會舉行祈福法會為民祈福，但考慮到路途較遠之信徒無法趕赴參與法會活動，因此決定取消祈福法會活動，代之以過平安橋活動，並將活動時間延長為一個月。自民國八十三年起，每年農曆正月期間，廟方都會於拜亭設置百足眞人蜈蚣陣，上面安奉三十六天罡七十二地煞，共有一百零八尊星君神像，蜈蚣陣上的中央部位，奉請五府千歲、觀音佛祖、中軍府鎮守，陣下設平安橋，橋下置七星燈。遊客走過平安橋後，將手中的替身、金、香帶到金爐亭焚化，具有驅邪祈安納福之象徵意味。

7. 平安鹽祭祈福法會：

「平安鹽祭祈福法會」始於民國九十三年鯤鯓王平安鹽祭之舉辦，該慶典活動以結合王爺信仰、地方產業（鹽）與藝陣表演的方式，希冀藉此提升雲嘉南濱海地區的觀光人潮。由南鯤鯓代天府聘請張天師第六十四代嫡傳弟子張源先法師為平安鹽祈福加持，而這些粗鹽也因為通過儀式的作用，更多了驅邪解厄保平安的象徵功能，因此每年平安鹽袋的領取成為該活動的高潮。

（三）其它信仰儀式

1. 神佛奉迎：

「神佛奉迎」即是所謂的「請王爺」，亦即一般俗稱的「請神」。「請神」

〔註45〕黃文博《南鯤鯓》（北門：南鯤鯓代天府管理委員會，1992）頁31。
〔註46〕此活動於洪高舌組長擔任祭祀組組長時所創辦。

是神明管轄範圍內之居民，有權利將廟裡神明請到家中，一般是在居民家有婚娶、生日、搬新家時，請神明坐鎮數日。〔註47〕文崇一等人在西河的研究中指出，媽祖廟為西河第一大廟，而媽祖是西河地方最崇高的主祭神，信徒們有任何祭典都會備辦牲禮到媽祖廟去祭拜一番，一般的婚喪喜慶，也免不了要請媽祖坐鎮。〔註48〕此外，王世慶在其〈民間信仰在不同祖籍移民的鄉村之歷史〉一文中亦提到，樹林的民間信仰中心濟安宮，其主神保生大帝有接受信徒迎請的情形。〔註49〕由此可見，「神佛奉迎」在台灣漢人的社會中可能是一普遍的現像。

一般奉迎神佛的原因，多為神佛聖誕、重要祭典、繞境活動或有要事請示，此外個人家中如遇婚喪喜慶亦會前往奉迎。神尊佛像皆屬於廟內的私有財產，因此奉迎時，為避免不必要的糾紛，都必須填寫「神佛金身迎請契約書」，於契約書中除了必須表明欲奉迎之神佛尊稱、迎請目的外，亦須填寫恭迎日期與奉還日期，迎請開基神佛時，需要隆重禮儀迎駕，不得以腳踏車或機車奉迎，此外，即使填寫了「神佛金身迎請契約書」，如遇到廟方公務上之需要，仍必須隨時奉還，因此神尊佛像的使用權力，仍屬於廟方所有。

2. 給神明作契子：

一般會給神明作契子的原因有以下四種：小孩「歹育飼」、家中男丁不旺、家族或地方上的傳統習慣、其它的原因。而父母讓孩子「給神明作契子」，主要的心態有二：一是治療性的心態，一是預防性的心態。而在「給神明作契子」的社會意義方面，此儀式主要是處理社會上個人脫序的問題，經過儀式的進行，使個體恢復正常。所以無論在契子或其家人的身上，「給神明作契子」的儀式都展現了過渡儀式的意義。另一方面，從民俗醫療的觀點來看，「給神明作契子」的儀式是一種治療，對於契子來說，它主要是解決社會文化的疾病，同時它也對契子的家人，產生了心理治療的效果。〔註50〕

〔註47〕 林美容〈台灣民間信仰的社會面〉，收錄於氏著《人類學與台灣》（台北：稻鄉，1989）頁68。

〔註48〕 文崇一、許嘉明、瞿海源、黃順二《西河的社會變遷》（台北：中央研究院民族學研究所，1975）頁142。

〔註49〕 王世慶〈民間信仰在不同祖籍移民的鄉村之歷史〉，《台灣文獻》（第23卷第3期，1972）頁18。

〔註50〕 李艾珍〈台灣民間「給神明作契子」的儀式——以雲林海豐堡和布嶼西堡為例〉（台北：國立政治大學社會學系碩士論文，88學年度）頁53～90。

　　而給神明作契子的第一步就是要決定神明，目前南鯤鯓代天府供信徒拜契的神佛有李、池、吳、朱、范五千歲、觀音佛祖、萬善爺、註生娘娘、中軍府、城隍爺和福德爺等十一尊，欲拜契之神佛必須擲筊三筊，而仲人和代書須一筊，且仲人和代書須爲欲拜契神佛以外的它尊神明，拜契時間需於上午十二時以前，並備拜契物品五牲一付、四果一付、紅圓發糕一付、大麵一皿、春干韭菜一付和鮮花一對。儀式完成後，向廟方領取契子書一式兩份，一爲書於紅紙，一爲書於紅布，拜契人（即小孩子）需於契子書上蓋手印與腳印，之後紅紙隨香焚化，紅布則帶回保存，待拜契人長大成人或娶妻嫁人時，再返回廟中向拜契神佛答謝。

　　在人類文化漫長的發展過程中，世界各地的居民皆因生存的種種需求，各自因應環境而逐漸形成其文化傳統特質與宗教信仰表現方式。各地區的宗教儀式行爲或民俗活動、表演活動，皆可視爲人們爲了表達內在的情感與思想而產生的一種外顯的行爲與俗尚，均有其在該地社會文化脈絡中的功能和隱含。宗教可視爲一個群體對其社會的共同意識和情感的表現，共同的宗教活動，可以強化一個群體的社會凝聚力。而不論個人或群體，往往藉由各種不同的宗教活動中的種種儀式與行爲，表達其信仰理念及內心的各種情感。

　　由以上之討論可以發現，南鯤鯓代天府於戰後所辦理的各項儀式活動，包括有不定期的祭典儀式、年例性質的祭典儀式和其他信仰儀式三種。「儀式」是生存空間的主要象徵符號，是主體的文化記憶與傳承活動，經由儀式的長期複寫，累積了生存的經驗形成了意義體系，且經由不斷重複的行爲傳達了集體性的共識與社會性的記憶，並因此有了相互所屬的認同與歸屬。因此，「重複」可說是人類行爲一個重要的特質，包括所說的話、所表達的意思、所感受的情感、所思考的想法等，透過不斷地重複進而達到約定俗成的效果，也透過不斷地重複達到文化與儀式的深化效果。由此可以發現，各項祭典與儀式的進行皆有其目的與意義所在，而其中的象徵意義又大於其實質意義。

　　在不定期的祭典儀式中包含有出巡和建醮兩種，戰後的出巡活動有民國七十二年的池府千歲南巡高雄市，和民國九十七年的鯤鯓王出巡澎湖；而在建醮方面則有民國五十七年所舉行的戊申年三百年醮儀式。相較於其他兩類儀式活動，此類祭典活動規模往往較於龐大，透過儀式的舉辦，使得王爺信仰得以被實踐並再一次的被強化、記憶與感受。儀式一方面營造了異於平日的情境，使人們脫離了日常生活的步調；一方面透過重複實踐的過程，內化

成生命經驗的一部分，同時也建構了一群人的集體記憶。早期人類學家如涂爾幹（E. Durkheim）、芮克理夫‧布朗（Radcliffe-Brown），將儀禮視為一個具有增強作用的集體情緒和社會整合的現象。宗教性的儀式，同時也是社會性的事件，不但一再強化某種關係（例如：個人與社會之間的關係等），也強調社會的整體性。因此人們在宗教活動中，所得到的不僅僅只是強化社會凝聚力；對個人而言，亦帶來更大的安全感。儀式與祭典配合信仰的一致性，對於整個社會的參與、社會的整合有莫大的貢獻。〔註51〕

在年例性質的祭典儀式中，包含有每年王爺誕辰所帶來的的進香潮、中元普渡、乞龜法會、插頭爐香、神佛開爐、過平安橋儀式和平安鹽祭祈福法會的舉辦。其中，「神佛開爐」、「乞龜槓炮台」和「過平安橋」等，這些活動的舉辦，不僅可以為廟方帶進人潮達到自我行銷與宣傳的效果，透過添香油錢的方式向信眾酌收參加費用，亦可同時為廟方帶進為數可觀之香油錢，對於廟內各種大型建設所需之經費，不無助益。而對參加儀式的信眾們而言，這些儀式透過一年又一年的重複舉辦，不僅可以累積成個人獨特的生命體驗與意義，更會內化成自我信仰的一部份，進而將此生命體驗（或記憶）傳遞至下一代；此外，透過眾多信徒共同參與的模式，亦使得這些儀式活動構築了常民文化中的集體記憶。

在其它信仰儀式中包含有神佛奉迎和給神明作契子兩類，此類信仰儀式往往和常民的生活經驗融為一體，舉凡婚喪喜慶都不乏神祇的參與，使得信仰成為日常生活的一部分，也成為生命裡某些重要時刻不容缺席的記憶建構。

人類宗教信仰在本質上的特性包含有兩個重要的範疇，亦即信仰與儀式。儀式用以表達、實踐，以至於肯定信仰的行動，而信仰也會反過來加強儀式，使行動更富意義，所以信仰與儀式是宗教一體兩面的表現。〔註52〕民間信仰常常伴隨有濃厚象徵意涵的各類儀式活動，透過這些儀式的實踐，一方面可以藉此說明信眾虔誠與敬畏的心理，一方面也可看出其預防性的心理，例如許多信眾認為在一年初始，至廟裡拜拜添香油錢，即可為自己換取未來一年的平安與安定，這樣的儀式活動，經過長時間的累積後，即成為一種多數人習以為常的民間習俗。以插頭爐香為例，一般信眾認為，假若可以

<hr />

〔註51〕 王嵩山《集體知識、信仰與工藝》（台北：稻香，1999）頁86。

〔註52〕 李亦園〈談宗教〉，《說文化、談宗教——人類學的觀點》（台北：台大，2003）頁108。

至廟內插進一年的第一支香，必可討到吉利，因此每年參加此活動的信眾都非常踴躍，有學者對此活動提出質疑，認為宗教活動不該成為私人利益的爭奪場，每位在廟門外等待插第一炷香的信眾，在廟門一開的剎那，爭先恐後，不顧他人安全，顯現出一種自私自利的形象，神祇是否真會保佑此類不顧他人安危，只顧私利的信徒？〔註53〕此外，亦有佛教法師對於道教信仰中的安太歲儀式表示質疑，不相信在紅紙上寫上姓名就能消災。〔註54〕近幾十年來，許多寺廟為了增加廟內的經濟來源與人氣，多半會增加許多宗教服務與相關儀式，透過這些信仰儀式活動的實踐，或許可以降低信眾對於不可知未來的不安感，而透過這些儀式的象徵作用，或許也可以藉此穩定信眾遇到困厄與挫折時的不安心理，但在各種信仰儀式之外，最根本的或許還是需要心存善念，多做善事。

第二節　分靈廟宇的發展與跨廟宇間的整合

　　人類學者張珣依人類學在中國親屬方面的研究指出，中國家族分家時有「拈香灰」儀式，其內容是將父母家中香爐的香灰拿一些到新成立之分家，以設立一個新的祖先牌位來祭祀。新舊家族之間有香灰做為物質上之連結，才能夠一氣相通，祖脈相傳。同一家人共用一個香爐，反之，共用一個香爐的人也就是同一家人，〔註55〕並以此概念來說明民間信仰中，祖廟與分香分靈廟宇間的關係。指出裝有祖廟香火的香爐，同樣可視為人與神靈或神靈彼此之間具體關係的象徵。共同祭祀群體為此「香火」的「眾爐下」，祭祀時由「爐主」主其事，眾爐下則承擔一定的義務並享有權利。在香火觀念下又產生了「分香」、「刈香」、「進香」等網絡關係，成為台灣民間組織的基本型態。〔註56〕被視為全台王爺總廟的南鯤鯓代天府，其分香分靈廟宇遍佈海內外，

〔註53〕 李筱峰〈猶年‧猶人‧猶電視〉，刊載於《自由時報》2001/01/29。

〔註54〕 「新竹市偉仁法師不認為在紅紙上寫上姓名就能消災，主張時運不濟的人要存好心、做好事，行善社會，救助窮貧，自然就會否極泰來。否則花得起錢到處安太歲的富人，豈不永遠好運？」〈求神保平安　今年特別多〉，《聯合報》第3版，2003/02/25。

〔註55〕 張珣《文化媽祖──台灣媽祖信仰研究論文集》（台北：中研院民族所，2003）頁3。

〔註56〕 呂理政〈宗教信仰與社會生活──談台灣民間信仰的幾個面相〉《民俗曲藝》（第69期，1991/1）頁14。

而本節所要討論的重點，乃在於這些分香、分靈廟宇形成的原因，並以「台北五王聯誼會」為例，說明分靈廟宇間的整合與運作。

（一）分香、靈廟宇的形成與分佈

研究者林金龍認為，香火和神明的關係並非一體兩面，而是論述的主客關係，沒有在神明的意義系統中，香火是不具備意義的；香火的意義系統，是神明此一論述主體所賦予的。神明先於香火而存在，香火只是神明意義體系中的象徵之一，因此可說是神明意義體系之中的子系統。香火可以在儀式的語法系統當中被分割、分霑，裝置、傳遞、重製、融合等，依此而產生一套靈力再生與權力論述的意義詮釋，透過「人」所創製的一套約定俗成的儀式語法而完成意義的賦予。因此，在人與神、神與神、神與廟、廟與廟之間的關係網絡中，香火是一個靈力象徵、位階差異、權力編配，以及意義再生產等的被論述客體。〔註57〕

創建於清初的南鯤鯓代天府，至今已有三百多年歷史，分香分靈廟宇遍佈海內外。其分靈方法，或向代天府求乞香火雕塑神像，或在代天府分靈的廟宇求乞香火或神像，成為再傳的分支廟宇。而祠祀型態則有私祀、私壇、角頭廟或公廟。本節乃以戰後的分香、分靈廟宇為討論範疇，以台灣本島、澎湖和泰國等三地之分靈情形為討論對象。

1. 台灣本島

瞿海源在〈台灣地區宗教變遷之探討〉一文中曾指出，以寺廟而論，在一九七一年之前雖略有成長，但起伏不定且幅度不大，到七〇年代初才有大幅成長，隨後又再趨於緩慢增加之勢。〔註58〕若以此現象對照台灣社會的發展概況，可以發現其實有脈絡可循。六、七〇年代，台灣經濟快速發展，導致社會傳統結構產生動搖，大量鄉村人口流向都市，許多旅外庄人為求生活的順遂與心靈（精神）的寄託，常會在閒暇時返鄉祭拜自小所信奉的神明，祈求保佑旅居在外的生活可以平安順遂，隨著這些離鄉背井的遊子生活與工作日漸穩定後，生活重心也逐漸外移，繁忙的工作致使返鄉祭拜的頻率驟減或不可得，遂發起分香、分靈之念頭。因此，隨著旅外庄人的生活重心往外移出，

〔註57〕林金龍〈美學、權力與消費——以大甲媽祖遶境進香活動為例之研究〉（嘉義：私立南華大學美學與藝術管理研究所，93學年度）頁39～40。

〔註58〕瞿海源、姚麗香合著〈台灣地區宗教變遷之探討〉，收於瞿海源《台灣宗教變遷的社會政治分析》（台北：桂冠，1997）頁43。

分香、分靈的情況增多,寺廟數量也相對跟著大幅增加。早期,南鯤鯓代天府之五王信仰的信徒分佈,大多集中於中北部地區,尤以南部為其大宗。六〇年代以後,隨著經濟的起飛,與都市化的形成,大量人口擁向工商都市,嘉南平原的五王信眾,亦隨人口的遷徙而將五王信仰帶往北部,使得北部的五王信仰人口遽增,以下乃舉板橋鎮北宮之例說明。根據鎮北宮沿革所示:

> 一九六九年,南部旅北布界業者翁忠琴、陳榮淑等人,鑑於精神上
> 的信仰寄託,經常往返南鯤鯓代天府參拜,然舟車勞頓之苦實非一
> 般人力所能負擔,乃興起奉迎北上之意。適逢該年南鯤鯓代天府開
> 基五府千歲因布業者奉請北部辦事,遂趁機向五王答示在北部分靈
> 一事,經五王慈悲應允,因而暫分靈於台北市南京西路一九九之一
> 號。之後,由於顯聖事蹟漸多,信徒大增,乃於一九七三年再答示,
> 再迎請吳府千歲合祀,供人參拜,此後香火鼎盛,信徒遍及北台灣,
> 遠至花蓮、宜蘭。由於金身奉請不易,乃於一九七八年再經答示,
> 增列奉祀池、朱、范府千歲、佛祖、城隍爺、註生娘娘、福德正神、
> 五王各府夫人、萬善爺、五虎將軍等諸神祇,而逐漸有一完整的祀
> 拜系統。然經此增祀後,原址已逐漸容納不下各方信徒的參拜,遂
> 有他遷之議。後經王爺之聖示,於一九八一年遷往泰山信徒陳文松
> 之處,擴大祀拜。爾後,鑑於廟地應有整體規劃及發展,全體有志
> 人士乃於一九八三年集資買下台北縣板橋市存德街五十八號現址之
> 一、二、三樓,並於一九八五年農曆九月廿一日遷入安座。〔註59〕

板橋「鎮北宮」成立之緣由,實符合上述之台灣社會發展概況。六、七〇年代正值台灣經濟起飛之際,也是台灣社會面臨轉型時期,傳統的農業社會逐漸過度至工商業社會,許多南部居民為了尋求更多的工作機會,通常會選擇離開家鄉北上發展,離開自小生長的土地到異鄉奮鬥,內心不免感到恐懼與不安,這樣的情形就如同明末清初時期,渡海來台找尋新生存空間的移民所面臨的問題,為了克服內心不安與尋求新生活的安定,多半會定期返鄉祭拜神明,直到生活漸趨穩定,生活重心亦逐漸北移後,才開始萌發分香、分靈祭祀之念頭,初期多半安置於家中,作為私壇供人參拜,隨著靈驗度的提升與信徒的口耳相傳,信徒亦逐日增加,直到原本之祀奉空間不敷使用後,才開始有另築廟宇之念頭。戰後廟宇之分祀多半基於上述之原因,通常都是旅外

〔註59〕〈台北鎮北宮沿革簡介〉頁3。

庄人生活重心的外移為主要因素，南鯤鯓代天府亦不例外。

2. 澎湖

南鯤鯓代天府於澎湖之分香、分靈廟宇多形成於戰前日治時期，甚至是更早，由於目前所留下之相關文獻資料相當匱乏，兩地廟宇昔日關係之建立究竟為何？仍有待日後更進一步之研究。以下乃針對筆者目前所收集到的資料作一討論。

關於南鯤鯓代天府與澎湖的關係，黃有興與甘村吉合著之《澎湖民間祭典儀式與應用文書》一書中，曾將澎湖王爺的由來分成十二類，其中第十一類是「南鯤鯓代天府五府千歲出巡澎湖神蹟顯赫而奉祀者」〔註60〕；而劉枝萬在其研究中亦曾指出：「自清代以至日據時期，南鯤身廟王爺，屢次出巡澎湖，乃被傳承於該地，甚有遺留神像，供人膜拜，遂成創建廟宇之動機（例如：白沙鄉城前村明新宮）。」〔註61〕由此可知，在澎湖的王爺信仰中，因鯤鯓王出巡有所感應進而奉祀者不在少數。換言之，澎湖廟所祭祀之王爺，部分是鯤鯓王出巡澎湖時，在當地有所感應，爾後再由當地居民建廟以茲祭祀。

目前南鯤鯓代天府內仍留有日治時期，「澎湖廟」〔註62〕前來進香時所捐贈的石柱，拜殿前後對是大正十二年（1923）分別由南甲海靈殿和北甲北辰宮所贈，而拜殿中對和後殿步口封柱則是大正十五年（1926）分別由台廈郊〔註63〕和東甲北極殿所贈（見表三），除了石柱的捐贈外，尚有石老石古石建材〔註64〕的提供和香爐的贈予。由此可知，南鯤鯓代天府與澎湖至晚在

〔註60〕澎湖王爺的由來分成十二類：1. 由中國攜來神像或香火奉祀者、2. 由其他廟宇分靈者、3. 日治時期由當地人雕祀神像奉祀者、4. 戰後由當地人雕祀神像奉祀者、5. 自台灣本島迎神像回去奉祀者、6. 王爺顯赫而奉祀者、7. 神明認為該地有不祥之兆而另派王爺鎮守者、8. 香柴顯應神蹟而雕祀者、9. 船戶於福州港見漂浮神像而拾回奉祀者、10. 水流屍顯聖而奉祀者、11. 南鯤鯓代天府五府千歲出巡澎湖神蹟顯赫而奉祀者、12. 不明原因者。黃有興、甘村吉合著《澎湖民間祭典儀式與應用文書》（澎湖：澎湖文化局，2003）頁309。

〔註61〕劉枝萬〈台灣之瘟神廟〉，收於氏著《台灣民間信仰論集》（台北：聯經，1990）頁225～284。

〔註62〕這裡的「澎湖廟」乃採取黃文博之說法，泛指「澎湖群島的廟宇」，並非特指某地或某間廟宇。

〔註63〕即水仙宮。1875年，媽宮街商人黃鶴年等人集資修建水仙宮後，充做「台廈郊」之會所，從此台廈郊與水仙宮結合為一。台廈郊係聯繫台廈商務之商業團結，目地在於取得彼此的信任。參考黃文博，頁44。

〔註64〕南鯤鯓代天府於1923～1937的重建工作，需要大量的牆基石材，除了「支那

日治時期即有密切往來。

表 3-7　日治時期澎湖廟捐贈於南鯤鯓代天府之石柱及楹聯

時　間	捐贈宮廟	內　容	所在位置
大正 12 年（1923）	南甲海靈殿	大正癸亥年仲夏之月吉旦 堂皇駐虎峰應動海靈同慶祝 廟祀光鯤島早教臺屬仰聲稱 澎湖馬公海靈殿眾弟子全敬謝	拜殿前對
大正 12 年（1923）	北甲北辰宮	大正癸亥年孟夏之月吉旦 島嶼瀠迴廟貌重新北郡 川流悠久神光普照東瀛 澎湖北辰宮眾弟子全敬謝	拜殿後對
大正 12 年（1923）	西嶼庄大池角治安宮、小池角關帝廟、二崁二興宮、外垵溫王廟等四庄合贈 2 副	大正拾式年癸亥敬勒 西嶼頭三迎法雨 南鯤身四佈慈雲 澎湖郡西嶼庄大小池角、外垵、二崁全樹 大正拾式年癸亥敬勒 大小池塘均身鰲戴 中外垵崁永沐鴻庥 澎湖郡西嶼庄大小池角、外垵、二崁全樹	後殿點金柱
昭和元年（1926）	台廈郊水仙宮	大正十五年丙寅元月 南狩化九州永古長懷東土 鯤游週四海祇今尚眷西瀛 澎湖郡台廈郊眾舖戶敬獻	拜殿中對
昭和元年（1926）	東甲北極殿	歲在丙寅年春月吉旦 駐蹕瀛壖早使臺陽報德 巡行海國也教澎島沾恩 澎湖馬公北極殿眾弟子全敬立	後殿步口封柱

石」（中國青斗石及花崗石）之外，用得最多的即為「石老石古石」，全部用於正殿與後殿青山寺兩側的山牆（上半部），在《南鯤鯓代天府改築設計書》中稱其為「壁立石老石古石」，並特別標示「澎湖產」。而鯤鯓廟重建時所使用的石老石古石建材來源有二：一是編列預算購買，一是「澎湖廟」所捐贈。詳見《南鯤鯓代天府改築許可二關スル書類綴》（南鯤鯓改築寄附金募集事務所），藏於南鯤鯓代天府。此處乃轉引自黃文博《南鯤鯓代天府與澎湖廟關係之研究》（台南：南鯤鯓代天府管理委員會，2008）頁 148。

| 大正 15 年
（1926） | 湖西庄隘門
三聖殿 | 大正丙寅年季春之月吉置
五王德大威靈浩蕩彰澎島
千歲恩深顯化汪洋護隘門
澎湖島隘門鄉眾弟子仝敬獻 | 後殿
點金柱 |

資料來源：黃文博《南鯤鯓代天府與澎湖廟關係之研究》（台南：南鯤鯓代天府管理
　　　　　委員會，2008）。

　　十九世紀後半葉以降，台澎之間多以帆船往來於兩地，「鎮管港」漁商或
賣魚或避風於北門嶼一帶，而與該地民商建立友誼關係，並時常前往南鯤鯓
代天府向五府千歲祈禱航行平安；〔註65〕換言之，漁商在澎湖與南鯤鯓代天
府的關係上扮演著很重要的中介角色。根據《台灣日日新報》所載，南鯤鯓
代天府大正十二年（1922）出巡澎湖，即是鎮管港漁商的牽引。〔註66〕

　　然隨著社會環境的變遷，南鯤鯓代天府與澎湖建立在信仰關係上的往來
互動為之中斷，直到民國七十三年六月，才由南鯤鯓代天府總幹事陳崇顯率
隊前往澎湖各廟宇拜訪，企圖重新建立起雙方間的往來關係，而這也是戰後
南鯤鯓代天府與「澎湖廟」再次接觸、回復互動之肇始。此次同行者尚有祭
祀組長洪美輪、總務組長洪高舌和北門鄉農會總幹事洪清枋等人。在這次的
參訪活動中，南鯤鯓代天府逐一拜訪當地的王爺廟宇，企圖透過訪談記錄與
紀念碑文之收集，重新建立起往時兩地間的關連，這次的出訪行程也可說是
為民國九十七年的出巡澎湖活動提前做了準備。民國九十四年八月，南鯤鯓
代天府主委陳良太再次領軍造訪澎湖，同行者還有委員王朝富、總幹事侯賢
遜、祭祀組長李國殿和陳國庸等人，而此次的造訪目的乃在於「邀請加強貴
我雙方寺廟情誼及探討延續出巡澎湖之議題」，更加確立了南鯤鯓代天府企圖
恢復兩地往來情誼之動機與決心。〔註67〕

<hr>

〔註65〕黃文博《南鯤鯓代天府與澎湖廟關係之研究》（台南：南鯤鯓代天府管理委員
　　　　會，2008）頁43。
〔註66〕〈西瀛特訊・迎王近況〉：「南鯤鯓五王。來澎湖本郡。已經數月。迎者相續
　　　　不絕。始由鎮管港鄉帆船介紹而來。起陸後。諸近鄉及馬公街內迎入。繼則
　　　　由烏崁隘門兩鄉。及白沙庄。望安庄全島。竝南寮鼎灣兩澳。終則文良港（按：
　　　　良文港）。菓葉。及林投澳等。而以西嶼庄為止點幾。於無村不有。舉郡若狂。
　　　　當此景氣不況之秋。勞民傷財不顧也。」《台灣日日新報》，1922/11/6。
〔註67〕南鯤鯓代天府〈澎湖寺廟拜訪聯繫表〉（台南：南鯤鯓代天府管理委員會，
　　　　2007）。

3. 泰國

　　成立於民國八十一年的泰國「暹羅代天宮」位於泰國曼谷近郊北欖府古城，是南鯤鯓代天府分靈至泰國的直屬廟。〔註68〕實際上，暹羅代天宮所供奉之五府王爺早在民國六十五年就已分靈至泰國，該年十一月上旬，潮州裔泰國僑領鄭景耀組團攜眷來台恭迎五府千歲、中軍府、萬善爺等神尊抵泰安奉。當時因分靈管理委員會尚未組織，對供奉之管理未臻合法，因而選擇於鄭氏私邸舉行安座大典，作為永久奉祀，自此泰國始有五府千歲的分靈。爾後，因鄭宅位於高級住宅區，信眾膜拜多感不便，遂於民國六十七年與泰國台灣會館主席葉福森和前副主席賴南興協商後，決定暫移駕泰國台灣會館所成立之臨時行宮供信眾參拜，此後再向泰國政府註冊，成立「泰國五王爺聯誼籌備委員會」。民國六十九年始成立「暹羅代天宮建廟委員會」，並開始積極籌畫建廟事宜。〔註69〕

　　南鯤鯓代天府五府王爺分靈泰國肇始於蔡正雄和鄭景耀的相識。蔡氏本為台灣嘉義務農子弟，幼時信奉村裡保安宮（五王廟），且為王爺（三王）和媽祖的契子，在成長過程中，亦具有多次的靈驗經驗，因此對於王爺信仰深信不疑；而鄭氏則為潮州裔的泰國僑領，兩人相識於印尼，再見於泰國，根據蔡氏的口述資料得知，其時鄭氏諸事不順，經王爺指點後生意遂得順利，在兩人的交往過程中，蔡氏亦常憑藉王爺感應，幫助鄭氏解決商業上的難題，鄭氏在長期接觸下，逐漸對王爺信仰產生虔誠之心，並於蔡氏回台時，要求其順便代行恭請吳府千歲神像一尊至泰供奉祭祀，後經吳府王爺降乩開示，表明不能獨行，須四位王爺同行，〔註70〕而南鯤鯓代天府委員會亦以「旅居海外之僑胞對五王爺如此虔誠崇敬」為由，共捐獻建廟基金五百四十八萬元，

〔註68〕「暹羅代天宮仿祖廟南鯤鯓代天府南式七門建築之風貌，正殿奉祀五府千歲，後殿奉祀觀音佛祖，正川殿左側為中軍府，右側為城隍殿，兩側廂房，左為辦事處，右為會議室，廟後有廣闊的園林，行道地邐，花木扶疏……現為泰國第一座屬中國南式建築之經典。」可參考李國殿編《泰國暹羅代天宮五府千歲庚辰年奉旨出巡專輯》（泰國：泰國暹羅代天宮管理委員會，2002）頁12～13。

〔註69〕廖安惠〈泰國暹羅代天宮——台灣人王爺的海外新故鄉〉，此文發表於「第二屆南瀛研究國際學術研討會」，頁180～185。

〔註70〕廖安惠〈泰國暹羅代天宮——台灣人王爺的海外新故鄉〉，此文發表於「第二屆南瀛研究國際學術研討會」，頁181～182。南鯤鯓代天府管理委員會編《泰國暹羅代天宮晉殿安座儀典專輯》（泰國：泰國暹羅代天宮管理委員會，1994）頁58。

〔註71〕足以看出南鯤鯓代天府對於此次海外分靈建廟之重視與肯定。

「暹羅代天宮」乃南鯤鯓代天府所認定之泰國分靈廟，民國九十一年八月八日以泰國王爺廟「開基祖」之姿，分靈至泰南，成立「泰南代天宮」，然而基於母廟的正統原則，泰國境內其它的鯤鯓王爺分香，皆須透過暹羅代天宮作為連繫的管道，不得直接至南鯤鯓代天府迎請，〔註72〕雖然這樣的規定可確保母廟和其分靈廟間的系譜，不致造成紊亂，然而卻也間接暴露了廟與廟間的階層性和流轉其間的權力網絡，暹羅代天宮儼然成了南鯤鯓代天府在泰國的發言人。

研究者林金龍指出，香火可以在儀式的語法系統當中被分割、分霑，裝置、傳遞、重製、融合等，依此而產生一套靈力再生與權力論述的意義詮釋，透過「人」所創製的一套約定俗成的儀式語法而完成意義的賦予。香火並不是神明的分身，它是一套靈力的神話論述，是宮廟的象徵資本。在人與神、神與神、神與廟、廟與廟之間的關係網絡中，香火是一個靈力象徵、位階差異、權力編配，以及意義再生產等的被論述客體。因為「關係」之不同，「香火」被賦予的意義也不相同，因此形成了一套「權力/知識」論述的香火政治。〔註73〕而這種因香火的直接與間接取得所產生的位階差異與權力編配，從泰國兩間分靈廟的運作可略見端倪。

廖安惠根據其訪談資料指出，泰南代天宮具有較多的泰國當地信徒，董監事中泰人信徒所佔比例亦有五成之多，分析其因素，乃是因為泰南一地台灣人與泰國人混居情形較為普遍，彼此社經地位背景差異亦不大，臨時行宮與居住地較為接近，因此也較能吸引當地的泰籍信徒；反之，暹羅代天宮的信眾們多半是公司老闆或中上階級，居住在曼谷市區，出入多以汽車代步，除了法事前來外，平常不一定有空來參拜，久而久之給泰國當地民眾一種「有錢人的廟」、「公司廟」的不良印象，〔註74〕反而與當地居民形成一種疏離感。

〔註71〕 南鯤鯓代天府委員會編《泰國暹羅代天宮晉殿安座儀典專輯》（台南：南鯤鯓代天府管理委員會）頁296。

〔註72〕 此特殊規定乃研究者廖安惠訪問賴南興董事長得知。轉引自廖氏〈泰國暹羅代天宮——台灣人王爺的海外新故鄉〉，此文發表於「第二屆南瀛研究國際學術研討會」，頁185。

〔註73〕 林金龍〈美學、權力與消費——以大甲媽祖遶境進香活動為例之研究〉（嘉義：私立南華大學美學與藝術管理研究所，93學年度）頁40。

〔註74〕 廖安惠〈泰國暹羅代天宮——台灣人王爺的海外新故鄉〉，此文發表於「第二屆南瀛研究國際學術研討會」，頁185。

　　「暹羅代天宮」乃南鯤鯓代天府於泰國的首座分靈廟，除了每年四月會組團回祖廟南鯤鯓代天府謁祖進香外，每年若有舉行大型慶典活動，也都會邀請台灣母廟南鯤鯓代天府蒞臨指導，而南鯤鯓代天府則則偕同許多分香、分靈或友誼廟前往參加。祖廟可以帶著龐大陣容親臨現場指導，不但是對暹羅代天宮之肯定，同時亦具有國民外交之功，因此不管是五王信仰之海外傳播，亦或南鯤鯓代天府、台灣之海外形象建構，皆具有宣傳之功效。

（二）其它信徒組織

1. 台北五王聯誼會

　　外地神明會與分香子廟的發展，可說明五王信仰在其轄區外的傳播與勢力之拓展。台北地區是南鯤鯓代天府分靈至北台灣的重鎮，根據廟方統計，約佔有一千兩百餘座。民國七十七年，三重、板橋、中和、永和、新莊、樹林、八里和蘆洲等地的一百五十座王爺廟自組聯誼會，稱「台北五王聯誼會」，並以座落於板橋存德街的「鎮北宮」為總會。平時相互聯絡感情，每年香期則各組香陣前往南鯤鯓代天府進香，此外，更會在每年十月初一聯合籌組龐大謁祖進香團，蒞府參拜。

　　「台北五王聯誼」會為一信仰組織，結合北部各五府千歲王爺廟，其會員廟皆為南鯤鯓代天府之分香分靈廟，共分七個分會，每年輪流舉辦七至十五天的遶境祈福法會，確切時間由該年承辦廟宇決定，其它廟宇則居於協助位置，負責提供陣頭，此祈福法會舉辦的動機，主要是希冀以廟會活動活絡地方，為地方帶來熱鬧的氣氛；此外，透過祈福法會的擴大舉行，亦有助於南鯤鯓代天府信仰之傳播。此組織中的各會員廟，不但可於於定期舉行的遶境活動中共享資源，亦有義務共同分擔儀式活動中的工作。〔註75〕從社會學的意義上來說，社會群體是具有共同的社會身份，通過一定的社會關係和連繫紐帶所形成的具有某些確定的共同目標與期望，並有指導行動的共有規範，互相間表現出一種認同感，建立起特定互動模式的相對穩定的整合性。宗教徒作為具有宗教信仰與體驗的人同樣離不開社會群體，尤其離不開宗教群體。具有各種不同宗教信仰、宗教體驗和宗教感情的信教者組成了各種宗教群體。在宗教群體的共同宗教活動中，宗教信徒不僅獲得了實現個人信仰的宗教意義，而且通過群體內個體角色在共同目標與規範的指導下，相互溝

〔註75〕訪問板橋鎮北宮廟祝，2009/2/23。

通與認同，也獲得了群體意義。〔註76〕

　　「台北五王聯誼會」是屬於一獨立運作的團體，平日的活動與南鯤鯓代天府並無直接關連，南鯤鯓代天府至多列席參加，居於指導或顧問的角色，並不直接涉入其祭典活動，南鯤鯓代天府在此活動中，其母廟位置所呈顯的象徵意義更甚於其實際作用。

2. 代天宣化行善團

　　代天宣化行善團是屬於萬善爺的信徒組織，由曾經在南鯤鯓代天府服務的陳慶和組成，成立時間約十六年左右。每個月第二個和第四個週六於萬善堂服務信眾，提供祭改、問事等宗教服務；此外，若公司行號有需要安座或其它慶典儀式，都可提供相關協助，但此服務僅限於該組織成員，其成員多為台商。雖此團體屬於萬善堂的信徒組織，但若南鯤鯓代天府有廟務上的需要，亦多有協助。〔註77〕

3. 鯤鯓王聯誼會

　　南鯤鯓代天府分香分靈廟宇遍布海內外，民國九十七年完成澎湖出巡儀式後，積極著手「鯤鯓王聯誼會」之成立，其性質與台北五王聯誼會雷同，不同的是台北五王聯誼會其會員廟僅限於分佈於台北縣之五王分靈廟，而「鯤鯓王聯誼會」則是一跨區域跨國界的信仰組織，其基本成員以平時互動較為頻繁的廟宇為主，例如出巡澎湖時的護駕廟宇，以此為基礎積極往外拓展，其會員廟宇並不限於南鯤鯓代天府之分香分靈廟宇，亦含括至廟內進香的其他非分靈廟宇。

　　自民國九十五年起，廟方即開始積極著手統計每年至廟內進香的廟宇資料，並以此資料庫為基準，積極進行廟宇的拜訪與交流，以多線並進的方式希冀建立起屬於自身廟宇的信仰網絡。若從權力的角度來看，或許此組織的成立，有助於再次確認南鯤鯓代天府作為王爺總廟的位置，而「鯤鯓王聯誼會」之信仰組織的成立即為廟方近期內的主要目標。

第三節　信徒組織在出巡儀式中的角色扮演

　　任何信仰活動皆必須具備兩種基本要素，即神祇與信徒。信徒往往才是

〔註76〕戴康生、彭耀《宗教社會學》（台北：世界宗教博物館基金會，2006）頁136。
〔註77〕訪問南鯤鯓代天府營建組洪高舌組長，2009/11/19。

靈力論述的主要生產者。神祇即時再有通天本領，也須要有信徒的支持，其顯聖靈蹟才有被傳播與看到的機會。因此，若將信徒視為民間信仰之推手，實亦不為過。

　　一般的研究者認為民間信仰乏團體、缺乏獨立組織、信徒採用雙重認屬，因而顯得宗教祭祀行為有如一盤散沙，無法予以分類。對此，人類學者張珣以大甲鎮瀾宮每年轟動全台的進香活動為例提出疑問：大甲媽祖進香每年都有將近數萬人的參與，而且過程中的儀式極其繁複，若沒有組織缺乏系統，如何有效地去執行與實踐？〔註78〕張珣認為，這些進香團體平時不活動，一到進香活動期間，則各自浮現成形，並建立於平時的各種社會關係上，因而將之稱為「隱形組織」。平時一個人累積並建立一張張的關係網，隱藏而不動作。一旦需要則啟動起來，或是成為政治上的樁腳組織，或是成為經濟上的外包組織與中小企業組織，或是顯為宗教的神明會。因此她認為，不能說中國沒有宗教組織，應該說是隱而不顯。〔註79〕

　　南鯤鯓代天府除了出巡儀式之外，本身並無外出進香之需求。戰後至今有兩次規模較為盛大的出巡活動，一次是民國七十二年的「二王池府千歲南巡高雄」，一次是民國九十七年的「鯤鯓王戊子年出巡澎湖」，此次出巡活動則屬不定期出巡。本節擬以這兩次戰後較具規模之出巡活動為範疇，進一步討論信徒組織在出巡活動中所扮演的角色，而這裡所謂的信徒組織包含有分香、分靈廟宇、參與出巡活動的一般信徒與志工、和出巡地廟宇等，舉凡以五王信徒稱之所組成之任何形式永久性或暫時性組織團體，皆以信徒組織稱之。

（一）癸亥年出巡之「二王池府千歲南巡高雄」（1983）

　　民國七十二年的「二王池府千歲南巡高雄」是屬於南鯤鯓代天府癸亥年六十年大巡的第六次出巡活動。以六十年為一週期，乃基於傳統漢人天干地支以一甲子為一循環的考量，然六十年實非一短時間，加上隨著社會的變遷，整個社會已由農業社會轉變為密集的工商業社會型態，勞動力轉而投注於工業生產的行列，不僅生活緊張，交通複雜，治安秩序亦大不如前，在此環境

〔註78〕張珣〈大甲鎮瀾宮進香團內部的神明會團體〉《民俗曲藝》（第53期，1988）頁47～64。

〔註79〕張珣《文化媽祖——台灣媽祖研究論文集》（台北：中央民族所，2003）頁152～153。

下是否仍適合古老形式的出巡迎神活動，仍有待商榷。雖然六十年大巡為南鯤鯓代天府自古以來的不成文傳統，然隨著時代的變遷與生活型態的改變，諸廟宇的委員們仍舊不敢貿然嘗試，最後決定由主任委員擲筊請示神明，以擲筊結果做為出巡與否的依據。該次擲筊結果顯示：① 局部性區域出巡；② 先出巡高雄市；③ 開基二王池府千歲主巡；④ 中軍府、虎將軍護駕，攜帶帥印及出巡旗；⑤ 擇定十一月廿日起駕出巡；⑥ 假高雄市鼓山代天宮為出巡行宮。〔註80〕

　　決定出巡時間與地點後，緊接著展開一連串出巡活動之相關事項的籌備，包含出巡儀隊的編排形式、出巡工作的組織體系、各區連絡處與負責人、迎駕地點及其方式、排駕路線、迎駕神轎及藝陣之統計、出巡地區順序之編排、迎駕神轎隊伍順序之編排、和迎駕時應遵守之公約等諸事項。〔註81〕出巡日當天早上五時至六時於南鯤鯓代天府內庭舉行上轎起駕典禮儀式，眾多送駕廟宇亦齊聚於此，等待護送王爺上路後才就地解散，王爺於六時自南鯤鯓代天府起駕準備至高雄市體育場，迎駕香團則於場內等候迎駕，待池府千歲抵達後，於體育場內舉行迎駕典禮儀式。南巡高雄的「迎駕典禮」，選在高雄市體育場，並非選在縣、市的市境上，主因是自是都市化的交通、空間都有所不宜，而都會區內的體育場則是最大的公共空間。所以十一個行政區內的一百多頂神轎、廿餘隊民間陣頭，都聚集於此。〔註82〕

　　此次出巡假高雄代天宮為行宮，十一時卅分，於行宮處舉行迎王典禮儀式，儀式結束後，各區參加迎駕神輿、藝陣，參拜後辭王回駕。下午一時，出巡儀式正式開始，此次出巡區域依抽籤決定順序，依序為鼓山區、鹽埕區、左營區、小港區、旗津區、前鎮區、三民區、新興區、楠梓區、苓雅區、前金區，每個行政區安排二至四天不等，依該區參與廟數之多寡分配日數，〔註83〕全程結束歷時三十三天。出巡路線之規畫，以有參加出

〔註80〕洪高舌〈籌備經過〉，收於《南鯤鯓代天府代天巡狩池府千歲癸亥年南巡高雄市專輯》（北門：南鯤身代天府管理委員會，1984）頁12～13。

〔註81〕洪高舌〈籌備經過〉，收於《南鯤鯓代天府代天巡狩池府千歲癸亥年南巡高雄市專輯》（北門：南鯤身代天府管理委員會，1984）頁13～14。

〔註82〕李豐楙〈代天巡狩——南鯤鯓王的神格與職司〉，收錄於《南鯤鯓五王信仰與鹽分地帶文化資產研討會論文集》（台南：南鯤鯓代天府管委會，2009）頁30。

〔註83〕根據廟方統計，此次高雄市參與出巡活動的宮廟計有 281 間。其中鼓山區佔有 64 個單位、鹽埕區佔有 19 個單位、左營區佔有 22 個單位、小港區佔有 24 個單位、旗津區佔有 31 個單位、三民區佔有 15 個單位、新興區佔有 8 個單

巡活動之廟宇所在地為主。出巡路線的安排是透過人為所建構出的意識形態空間，在此儀式舉辦的神聖空間內，被劃入出巡路線中的廟宇，得以彰顯自身，提高自身的地位與能見度，同時亦具有獲得王爺庇護的象徵意味。

王爺出巡活動之前，廟方都會事先邀集各參與活動之宮廟，共同開會討論協商，制訂遊戲規則，相互遵守，然大部分仍由南鯤鯓代天府統籌規畫，亦即，廟方處於發號施令與安排工作的位置。以民國七十二年池府千歲南巡高雄市之「各單位應遵守之公約」為例：〔註84〕

　　A. 各區按察日期應依協調會分配時間準時迎送駕，並辦理迎駕手續。

　　B. 各區自行到代天宮行宮迎駕，遠程可利用汽車迎駕並派專人護駕。

　　C. 各區按察路線隊伍編排由各區自行協調，不得任意變更路線。

　　D. 本府神轎應列排在隊伍最後，抬本府神轎人員一律穿本府轎班衣。

　　E. 各區按察路線香條由本府統一分發，各區自行張貼，路過廟壇應辦香案接禮，神轎過後燒金放砲收香案。

　　F. 本府神轎除座陣本府開基池府千歲，不准任何神像同轎及乩童上轎。

　　G. 本府開基池府千歲神像不准請離王轎，惟駐駕過夜廟壇可請入神龕內，以便獻王犒賞，一般參拜信徒一律在行宮或各區駐駕廟壇參拜。

　　H. 各區迎送駕決定在代天宮行宮，不得自行途中交接，區內若有分部落可在各區連絡處交接。

　　I. 各區按察期間各區負責人應負責池府千歲在該區期間內安全責任。

由以上所制訂之公約，可發現幾乎都站在南鯤鯓代天府的立場發落其它相關事項，其他參與單位只能依約遵守。而公約制訂的好處乃在於廟方比較容易掌控全局，各區安排一位負責人，由此負責人直接與南鯤鯓代天府接洽，也比較不會因為出巡範圍過大而產生失控局面。此次高雄市參與出巡活動之廟宇數約有兩百多間，出巡活動本身即具有自我展示之效果，因此藉由出巡活動之參與，有助於提高自身廟宇之知名度，此外，南鯤鯓代天府又是王爺信仰的指標性廟宇，此出巡活動並分常態，必須等六十年才有一次，因此多數

─────────────────────────

位、楠梓區佔有 7 個單位、苓雅區佔有 28 個單位、前金區佔有 14 個單位。

〔註84〕 南鯤鯓代天府管理委員會編《南鯤鯓代天府代天巡狩池府千歲癸亥年南巡高雄市專輯》（北門：南鯤身代天府管理委員會，1984）頁 84。

廟宇都以能夠參加此出巡活動爲榮耀。

　　根據廟方表示，南鯤鯓代天府平常並沒有到他廟進香的活動，也少有出巡儀式，多半是其它廟宇有建醮需求時，才至廟方奉請神祇至該地遶境祈求平安，因此並沒有成立所謂的「出巡或進香團隊」，出巡所需之陣頭多半是由參加活動之宮廟共同承擔。戰後兩次大型出巡活動，其活動期間所需組織與團隊都是臨時組織而成，其共同目的都是爲了服務王爺順利出巡，活動結束後即解散，屬於臨時性組織團體。

　　此次出巡活動之工作組織，大至劃分成三大區塊，分別是「總指揮部」、「行宮管理部」和「行在（護駕）管理部」。「總指揮部」負責處理之項目有：統籌指揮去迎事宜、公共關係之連繫、突發事故之處理、和一般行政事務，下設有庶務、文宣、祭祀和財務四組，分組辦事。「行宮管理部」主要負責項目有：管理出巡王爺之奉迎、守衛行宮神像之安全、行宮之通常祭祀事務。「行在（護駕）管理部」主要負責項目有：出巡隊伍之指揮管理、拱衛出巡王爺之安全、行轅之通常祭祀事務。此三大區塊主要由南鯤鯓代天府之人員組織而成。

　　在此次的出巡活動中，其信徒組織除了上述之工作組織的組成外，尚有高雄市各參與出巡活動之宮廟、出巡活動進行時的領導人員、護駕人員、儀隊組織等，其中除了鼓吹雇用將軍鼓吹團外，其餘皆由信徒所捐獻或義務服務，其中號角與鑼鼓陣分別由高雄代天宮和蚵寮西南角所捐獻，大鼓、大鑼、大旗、按察旗、涼傘、大轎、馬頭鑼、迴避牌等儀仗，皆由信徒義務擔任。此外，高雄市參與出巡活動之廟宇，於迎駕與送駕時，亦會提供廟裡之神轎與陣頭到場助陣，由此可見，這些信徒組織在出巡活動中，不僅扮演了支撐出巡活動的主要核心，同時亦節省了南鯤鯓代天府於出巡活動中的主要開銷，並提供所需之各種人力物力。這些參與出巡活動的在地宮廟，不僅可以藉此提高自身廟宇的知名度，亦可透過出巡活動之舉辦，達到廟宇交流的效用；而南鯤鯓代天府透過出巡活動的成功舉辦，不僅可以達到自我宣傳與展示的效果，亦間接爲廟宇累積了更多的象徵資本與人脈。

（二）鯤鯓王戊子年出巡澎湖（2008）

　　民國九十七年南鯤鯓代天府跨海出巡澎湖，計有六艘客輪搭載二千多名信徒、六十二輛車、二十五頂神轎，自台南安平港沿著台灣海峽駛入澎湖馬公港，進行爲期四天三夜的出巡活動。

　　此次出巡澎湖與南巡高雄最大的差別，乃在於出巡地資源的豐富與否。如前所述，民國七十二年池府千歲南巡高雄市十一個行政區，各參與出巡活動之廟宇，於迎駕、送駕和出巡時，皆會提供廟裡的神轎與陣頭到場助陣，壯大聲勢，而不管是神轎或陣頭，皆須由人力所操控，澎湖本身是個人口外流相當嚴重的地方，因此在人力極度缺乏的考量下，廟方在此次出巡活動中，決定提供數個名額給護駕宮廟一起前往澎湖參與出巡的活動，因此也可以說，在這次的出巡活動中，南鯤鯓代天府本身自台灣帶了大批的人力與物力至澎湖，而這些人力、物力理所當然的來自於南鯤鯓代天府的諸多分香、分靈廟宇及其陣頭，以及大批的隨香客。

　　護駕宮廟的產生主要是由南鯤鯓代天府先列出名單，依序詢問參與意願，原則上以平日互動頻繁之廟宇為優先考量，每個縣市提供兩個護駕宮廟之名額，並提供每間護駕宮廟六十個名額開放給信徒自由參加，這六十個名額亦包含廟方所有出動之工作人員。〔註85〕最後出巡之台灣護駕宮廟共有二十三間，其中包含泰國分靈廟暹羅代天宮，每間廟宇提供數陣陣頭。

　　鯤鯓王出巡澎湖前照例組成臨時性的籌備工作組織，此組織除了有南鯤鯓代天府管委會所組成的總指揮部，另有顧問團和名譽委員兩大團體。名譽委員部分設有名譽主任委員一名、名譽副主任委員數名，皆由政府官員所組成。而顧問團則設有團長一名，副團長數名，團長與副團長皆由南鯤鯓代天府管理委員會提名並通過，而受聘之顧問除了必須協助廟方辦理出巡澎湖所屬相關工作外，每名尚須捐助出巡活動經費新台幣十萬元。（見表3-6）通常會接受顧問一職者，多半是經商有成或是與廟方有密切往來之廟宇。廟方除了貼出顧問團之聘請公告外，另有隨香信徒與志工團的招募公告，隨香信徒須繳納香油錢三千元，廟方會發給休閒服二套、休閒鞋一雙及帽子一頂，於出巡期間統一穿著。志工除了須繳納香油錢一千五百元，尚須參與廟方工作安排及組訓。正如前所述，每次出巡皆需耗費大量之人力、物力與財力，當出巡地無法供應以上之需求時，主事廟宇就必須自己想辦法。南鯤鯓代天府於此次出巡活動中巧訂名目，成立顧問團、志工團與隨香信徒，除了可提供出巡時所需要之大量人力，以彌補澎湖人力之不

〔註85〕根據祭祀祖李國殿組長表示，原則上以此為標準，但實際上，有些廟宇的信徒參與情況非常踴躍，甚至有廟宇參加報名之信徒暴增至120名，為怕強制依規定執行，會造成信徒與宮廟的不悅，畢竟信徒們都是抱著一顆虔誠的心想為王爺服務，因此整個護駕宮廟之名單做過些許調整與變動。

足外，並以酌收費用的方式，增加廟方財源，以減輕出巡時所需承擔之經費問題。〔註86〕

表3-8　鯤鯓王出巡澎湖——顧問團

【聘任顧問辦法】	
鯤鯓王出巡澎湖——聘任顧問辦法	
宗　　旨：	本府於民國12年〔註87〕出巡澎湖，迄今已歷80餘年，今再奉　五府千歲示諭辦理出巡澎湖，深具宗教歷史意涵。 本次出巡活動橫跨臺、澎兩地，不但得投入足夠人力、物力，還得支用大筆經費，辦理周密之出巡工作。 基於此宗旨，特籌組成立出巡顧問團，配合投入協助，方竟事功。
名　　稱：	本組織定名爲：「鯤鯓王出巡澎湖——顧問團」。
組　　織：	凡　五府千歲虔誠信徒，喜願爲本府出巡活動奉獻者。 經由本會推薦產生，名額不限。 設團長一名、副團長多名。 團長、副團長由本會提名之。 任期：自聘任日起至出巡活動結束日止。
義　　務：	受聘之顧問，不得有違　五府千歲創廟之宗旨。 受聘之顧問，得協助本府辦理出巡澎湖所屬相關工作。 受聘之顧問，每名應捐助出巡活動經費新台幣壹拾萬元（含以上）。
獎　　牌：	凡受聘顧問者，統由本府製給紀念獎牌乙面，以茲紀念。
報　　名：	即日起受理推薦報名。 意者請至本廟事務所——祭祀組洽辦。 電話：06～7863711轉568　傳眞：06～7863563 地址：台南縣北門鄉鯤江村976號
附　　註：	未盡事宜由本會釋示之。

資料來源：南鯤鯓代天府管委會。

　　此次出巡活動一樣由南鯤鯓代天府全程統籌規畫，管委會下設有總指揮一名，由總幹事侯賢遜擔任，副總指揮一名，由協助總幹事之秘書陳耀堂擔任。總指會底下又另設有總務組、祭祀組、公關組、服務組、工務組、醫療組、環保組和交通安全組，個別進行組內所分配之工作與任務。

〔註86〕畢竟跨海出巡澎湖所需要的保險費、住宿費和交通費等並非小數。
〔註87〕以台灣歷史事實來看，較爲精確之說法應爲大正12年，此處依原文所示。

　　相較於民國七十二年的南巡高雄市，信徒組織於這次出巡澎湖所扮演的角色更為重要，主要原因乃在於澎湖人口外流嚴重，島上並沒有足夠的人力可以應付規模如此龐大的出巡活動，因此南鯤鯓代天府選擇釋放名額給台灣之分香、分靈廟宇，及其信徒，希望藉由台灣分香、分靈廟宇的力量，提供足夠的人力、物力與資金，使出巡活動得以順利完成。而參與出巡之宮廟，亦可藉此提高自身廟宇的名氣，亦可透過出巡活動的舉辦，與其他廟宇進行相互交流。

　　綜合以上兩個戰後出巡例子的討論，可以發現，南鯤鯓代天府因為本身沒有進香活動，出巡儀式的舉辦又久久才一次，因此並沒有成立專門為廟宇服務的陣頭或信徒組織，也因此，其分香、分靈廟宇於出巡活動中所佔的份量就相對更形重要。這些出巡隊伍中的信徒組織，有的來自於分香、分靈廟宇的組成，有的來自於南鯤鯓代天府透過巧立名目之方式所組成。根據此兩個例子的討論可以知道，信徒組織的存在除了可以支撐出巡活動之順利完成之外，亦可減輕主事廟宇的人力、物力與財力之負擔，更具有壯大聲勢之效用，而信徒組織彼此間亦可透過出巡活動之中介，進而達到相互交流之作用。

小　結

　　本章首先討論了南鯤鯓代天府內部各式祭典儀式的功能與意涵，接著討論分靈廟宇的發展與跨廟宇間的整合，最後則討論信徒組織在出巡儀式中的角色扮演。在祭典儀式的討論方面，發現南鯤鯓代天府於戰後所辦理的各項儀式活動，包括有不定期的祭典儀式、年例性質的祭典儀式和其他信仰儀式三種。在不定期的祭典儀式中包含有出巡和建醮兩種，戰後的出巡活動有民國七十二年的池府千歲南巡高雄市，和民國九十七年的鯤鯓王出巡澎湖；而在建醮方面則有民國五十七年所舉行的戊申年三百年醮儀式。在年例性質的祭典儀式中，包含有每年王爺誕辰所帶來的的進香潮、中元普渡、乞龜法會、插頭爐香、神佛開爐、過平安橋儀式和平安鹽祭祈福法會的舉辦；在其它信仰儀式中包含有神佛奉迎和給神明作契子兩類。透過這些儀式的長期複寫，累積了生存的經驗形成了意義體系，且經由不斷重複的行為傳達了集體性的共識與社會性的記憶，並因此有了相互所屬的認同與歸屬。人們在宗教活動中，所得到的不僅僅只是強化社會凝聚力；對個人而言，亦帶來更大的安全

感。儀式與祭典配合信仰的一致性，對於整個社會的參與、社會的整合有莫大的貢獻。

在分靈廟宇的分佈方面，本文分成台灣本島、澎湖和泰國三個部份進行討論。在台灣部份的戰後分靈廟宇，本論文主要是以台北的分靈廟作爲調查對象，其廟宇的創始者很多是爲了工作的關係自原鄉遷出，爲了免除南北奔波之苦而決定成立分靈廟宇，此類分靈廟宇往往與台灣社會結構的變異有關；澎湖部份的分靈廟宇有很多是因爲五王出巡至該地發生靈驗事蹟而成立；泰國曼谷分靈廟宇「暹羅代天宮」的分靈動機，乃基於個人之靈驗經驗所致。另外，在廟宇整和方面，「台北五王聯誼會」是南鯤鯓代天府至目前爲止唯一較有系統的信徒組織，有助於五府千歲信仰在北台灣的傳播；此外，廟方有意整和各廟宇的力量，組成一跨廟宇的「鯤鯓王聯誼會」組織，做爲連絡與交誼之用，目前正積極籌備中，此聯誼會的成立有助於全台五王信仰的組織化，亦有助於各廟宇間的相互交流與資源整合。而信徒組織在出巡儀式中的角色扮演，乃透過戰後兩次出巡活動的討論發現，南鯤鯓代天府因爲本身沒有所謂的進香團對，出巡儀式的舉辦又久久才一次，因此並沒有成立專門爲廟宇服務的陣頭或信徒組織，也因此，其分香、分靈廟宇於出巡活動中所佔的份量就相對更形重要。這些出巡隊伍中的信徒組織，有的來自於分香、分靈廟宇的組成，有的來自於南鯤鯓代天府透過巧立名目之方式所組成。而信徒組織的存在除了可以支撐出巡活動之順利完成之外，亦可減輕主事廟宇的人力、物力與財力之負擔，更具有壯大聲勢之效用，而信徒組織彼此間亦可透過出巡活動之中介，進而達到相互交流之作用。

第四章　南鯤鯓代天府與文化產業

　　董芳苑指出，台灣各地常常建造相當富麗堂皇的廟宇，建廟的人都刻意使廟宇成為國人觀光旅遊的對象，以吸引眾多香客，[註1] 宋光宇亦在〈當前台灣民間信仰的發展趨勢〉[註2] 一文中指出，戰後寺廟經營常呈現有觀光化的取向。台灣經濟社會富足後，逐漸邁往消費時代，對於平日的休閒娛樂亦逐漸重視，座落於西南濱海地區的南鯤鯓代天府不僅本身具有廣大腹地，鄰近更有供人遊憩之自然景觀，民國五十八年更被前台灣省政府核定為宗教紀念觀光區，近幾年廟方不但積極建設各種有助於休閒遊憩之硬體設施，更經常配合雲嘉南濱海國家風景區舉辦各式活動，這幾年最引人注目的莫過於結合鯤鯓王信仰和當地產業而舉辦的「鯤鯓王平安鹽祭」。這些在南鯤鯓代天府所進行的各項活動，透過媒體的大肆報導後，得以讓全國民眾知道，而不僅限於地區性的活動，透過媒體的強力放送，得已累積廟方的知名度，也可提高自身的被看見度。因此本章節嘗試從廟宇經營與商業、觀光發展的角度切入，說明在現代社會中，廟方如何運用「鯤鯓王」這個傳統信仰符碼，與文化、媒體和商業機制等各項網絡，共構互利的資源網絡。

第一節　信仰與消費

（一）信仰儀式與信眾服務

　　社會激烈的競爭，使得非營利組織面臨了困難的挑戰，為了取得充足的

〔註1〕董芳苑〈光復以來台灣的宗教發展〉聯合報 14 版，1982/10/25。
〔註2〕宋光宇〈當前台灣民間信仰的發展趨勢〉《漢學研究》（第 2 卷第 1 期，1984）頁 199～234。

資源，越來越多的非營利組織導入商業化的概念，利用企業化的經營模式，來取得足夠的資金以達到組織目的。非營利組織企業化的過程中，利用行銷的方式來吸引消費者目光、促進購買，是非常重要的一環。

同樣可視爲非營利組織的傳統廟宇，爲了在現代生活中得以生存，同樣不得不以各種類商業行爲的方式來爲廟方引進大量香油錢。過去廟宇的經濟來源，多半依賴信徒所捐贈的香油錢，和境內信徒所繳納的丁口錢爲主。而所謂的香油錢乃是依據信眾的誠意、心意與能力，隨意隨緣捐贈，其金額多半難以估算和掌握，近幾十年來，許多廟宇管理者爲了解決廟內經濟來源的問題，多半置有宗教服務或多種信仰儀式來供信眾選擇，而安太歲或點平安燈等即屬此類。

戰後南鯤鯓代天府持續不斷地進行廟地擴建工程，諸多硬體設施的增建，單靠信眾的隨意捐獻，並無法支持如此龐大的開銷，勢必得增闢多項經濟來源，才足以維持廟務的正常運作，以下則針對南鯤鯓代天府目前所提供的各項宗教服務逐一說明之。

1. 卜開爐

南鯤鯓代天府於每年農曆十二月廿四日送神，翌年正月初四中午十二點接神，接神之後立即舉行「卜開爐」儀式，由信徒自由參加，採事前報名登記制（報名方式見附錄三），欲參加卜開爐者，每尊神佛必須先捐獻三百元，目前廟方計有八十多尊神像供信徒卜開爐。卜開爐之儀式，是在拜亭按報名順序逐一點名擲筊，聖杯次數多者得之，可請開爐神佛回家供祀七天，至十一日恭送回府，〔註3〕該晚廟方則會舉辦平安宴，宴請諸位。此儀式之舉辦，以廟方之立場來論，不僅可以吸引大量人潮，製造熱鬧氣氛，達到爲廟宣傳之效果，同時又可爲廟方帶進爲數可觀之香油錢；而以信眾心理來論，則認爲「開正卜開爐，好彩得福祿」，因此每年參加之信眾皆有上千人之多。

2. 光明燈

到寺廟拜拜，對很多信眾來說，是一種習慣。但是，到寺廟裡面安奉光明燈，對人們來說，除了是習慣之外，也逐漸成爲一種習俗。拜拜添香油錢，是比較隨意的行爲，因爲香油錢的金額可由信徒自己決定。但是，就光明燈而言，是一種信徒與寺廟、信徒與神明之間彼此約定的儀式過程。寺廟提供燈

〔註3〕 黃文博《南鯤鯓》（台南：南鯤鯓代天府管理委員會，1992）頁31。

座以及舉辦法會儀式來為信徒安燈與祈福，而信徒給予寺廟特定金額，一則用來祈求個人或家庭的平安順遂，一則也為寺廟帶來經濟上的收益。對寺廟來說，光明燈是經營寺廟的經濟來源；對信徒而言，安燈是一種祈求個人平安的儀式；就光明燈本身來說，是一種寺廟與信徒之間契約過程之後的產物。

點光明燈為信眾在廟宇中點燈祈福的通稱，祈福的內容有乞求功名、平安、財運、婚姻等不同的目的。佛教原意是在佛前加油點燈，祈求光明，故只有一盞，且不具名善信的名字；而民間俗信，每個凡間的人在天庭上都有一個「元神」相對應，「燈」即是元神的象徵，因此為了祈求來年一年的順利平安，信眾通常會在元宵節前後到廟宇中點燈植福。近代廟宇則衍為一種習俗，在建廟之時，即準備二至數座圓塔形狀，區分十數層以上，每層隔出許多點有小燈的佛龕形式，供信徒們在上頭書寫祈願者姓名，置於神龕兩側，以獲得神力的庇佑。〔註4〕

民國九十二年現任總幹事侯賢遜上任後，廟務全面推行電腦化，平安燈安置儀式也改以電腦化作業。目前南鯤鯓代天府除了設有點燈的服務外，亦針對不同信眾群（客群）的需求，將其細分為祈求前途光明、福慧增長的「光明燈」，祈求工商倍利、事業駿發的「財利燈」，祈求學業進步、考運亨通的「文昌燈」，和祈求身體健康、闔家平安的「平安燈」四種，欲點燈之信徒，只須將姓名、生辰八字和住址提供給廟方即可，早期安燈價格並未統一，可依信徒能力選擇自己可以接受的價格，近幾年則統一為一盞燈以一千元計。〔註5〕

安奉光明燈，對人們來說是民間信仰儀式的習俗之一。從寺廟中可以清楚的看到一座座的光明燈，因應不同的種類與型態，以及因應寺廟不同的空間規劃而有不同的安排，光明燈的設置已成為今日各寺廟的基本配備。光明燈，對寺廟來說，是主要經濟來源之一。安燈數量的多寡象徵寺廟神威的強弱，燈座與燈牌的設置則是光明燈點燈儀式體制化的具體手段，一方面加強寺廟宗教信仰的基礎結構，另一方面穩定平安燈信仰的正當性與合法性；對信徒而言，是一種與神對話的中介，個人求心理與家庭平安的宗教（儀式）行動。看到寫著自己姓名的燈牌設置在佛祖神位的兩側，一方面可以帶來事

〔註4〕謝宗榮《台灣傳統宗教文化》（台中：晨星，2003）頁223。
〔註5〕統一價格的好處在於方便作業，尤其是過年期間人潮眾多，一律以千元代之，可以省去找錢的麻煩，使作業流程更為流暢。

業或工作上的順遂，另一方面也對心靈上的平安有所助益。〔註6〕

3. 安太歲

　　所謂「安太歲」即是「安奉太歲神」之意。民間認為，舉凡生肖之年和太歲犯沖者，即需安太歲，以確保一整年平安無事。在寺廟尚未替民眾安太歲之前，一般信眾多半根據農民曆記載，在年初正月期間，選擇吉日良辰，以紅紙書寫當年太歲星君姓名，再用四果清茶、紅圓、麵線，點香燭、燒太極金、天金、壽金，安奉之。以正月初九天公生，或正月十五日元宵節以前供奉祭品祀之，以祈求平安。〔註7〕

　　近一、二十年，廟宇亦開始為信眾提供安太歲服務。〔註8〕道壇或神廟每年年頭都會為善信「安太歲」，在新供奉的值年太歲的牌位前誦經懺，近年有些廟則仿照北京白雲觀而建有「太歲殿」。因中國使用干（十干）支（十二支）紀年法，從甲子到癸亥，六十年為一周，即所謂「六十甲子」。每人出生時即以所屬干支為本命年，漢以來又有十二生肖的屬相配合，六十年剛好有五組。如果該年值年太歲與自己所屬的干支相同，或是相隔六年者，通稱為「犯太歲」；前者為「坐太歲」，或稱「年沖」，後者為「沖太歲」或稱「正沖」。俗諺有「太歲當頭座，無喜必有禍」之說，為了避免沖犯而招致不利，年初時就要在所沖犯的值年太歲前，請道士代為誦經祭拜，以求消災祈福。每一太歲星君都有其名諱、形象及服色，在年初逛廟會時，民眾縱使不安太歲，也會到本命的太歲前祭拜，故「安太歲」成為民間的新春習俗。〔註9〕早期南鯤鯓代天府的安太歲服務跟安燈儀式一樣，有各種不同的價格可供信眾選擇，近幾年則統一為五百元。

　　瞿海源在其研究中指出，近幾年安太歲人口大量增加的原因和政治、經濟的快速變遷與遍動所釀成的不確定性有關，許多人希望利用這個比較簡便的儀式來加強個人防衛能力，〔註10〕然筆者認為，除了社會的不安造成安太

〔註6〕蔡常斌〈寺廟組織與平安燈文化的建構——制度與網絡的機制〉（台中：東海大學社會學系碩士論文，93學年度）頁9。

〔註7〕林怡青〈高雄縣路竹鄉安太歲文化研究與鄉土教學上的應用〉（台南：台南大學鄉土文化研究所教學碩士班碩士論文，92學年度）頁71。

〔註8〕根據黃文博的調查，他認為安太歲儀式是在1985年以後才開始大量被各廟宇所採用。黃文博《趣談民俗事——台灣民俗趣談》（台北：台原，1998）頁156。

〔註9〕謝宗榮《台灣傳統宗教文化》（台中：晨星，2003）頁221～222。

〔註10〕瞿海源〈術數、巫術與宗教行為的變遷與變異〉，收於氏著《台灣宗教變遷的社會政治分析》（台北：桂冠，1997）頁234。

歲的人口大幅增加外，媒體的大量宣傳與廟宇的積極推廣亦不無關連，許多廟宇透過報紙、新聞或廣告等方式，反覆傳送相關資訊與訊息，不僅增加了自身廟宇的曝光率，亦加深了閱聽人的印象，使得閱聽人產生寧可信其有的想法而紛紛至廟裡為自己或家人安太歲以求平安。

4. 過平安橋

又稱「百足眞人七星平安橋法會儀典」，首創於民國八十三年。根據目前擔任營建組組長的洪高舌表示，此構想來自於民國八十一年的文化祭典，該祭典主要是為了慶祝檳榔山莊落成所擴大舉辦之民俗文化活動。該祭典上有一百足眞人（蜈蚣陣）的陣頭活動，活動內容乃由五至十二歲學童裝扮神童（三十六天罡，七十二地煞），排排而坐，民間認為蜈蚣陣可驅邪除穢，祈安納福。過平安橋活動尚未舉辦之前，每年正月都會舉行祈福法會，自民國八十三年起，取消祈福法會儀式，代之以過平安橋儀式。

每年農曆正月期間，廟方都會於拜亭設置百足眞人蜈蚣陣，上面安奉三十六天罡七十二地煞，共有一百零八尊星君神像，蜈蚣陣上的中央部位，奉請五府千歲、觀音佛祖、中軍府鎮守，陣下設平安橋，橋下置七星燈，橋口有手輦改運。凡欲參加過平安橋活動的信眾，可先至服務處領取男女替身、改運紙、天宮、太歲、天狗、白虎、金錢只等共一束，以及壽金一只，香三炷。通過平安橋後，再將手中的替身、壽金、香等帶至金爐亭焚化，具有驅邪祈安納福之象徵意味。欲參與之信眾，每人每次添香油錢一百元。

信仰儀式的操作在民間信仰體系中是非常重要的一部分，雖然教育和科技帶動了人們知識水平的持續提升，可能使得具有巫術性質的活動有衰落的趨勢，但值得注意的是，巫術行為在現代社會裡也不可能完全衰落而消失。心理分析學派的精神醫師一再指出現代人的焦慮和心理問題，這不但使得不少現代人活得痛苦，有使得宗教和巫術的存在有其現代人心理需要的基礎。對個人而言，社會文化在生活環境裡總是會造成一些恐懼，有的來自外來的危險，有的來自社會關係的壓力，也有的是種種文化傳統所引發。因此，人們在生活中常要靠一些宗教或巫術儀式或其它的方式來幫助自己應付種種威脅，〔註11〕而透過儀式的操演，使得一般信眾在面對不確定性較高的事件時，得以藉此降低內心的焦慮與恐懼。

〔註11〕瞿海源〈術數、巫術與宗教行為的變遷與變異〉，收錄於氏著《台灣宗教變遷的社會政治分析》（台北：桂冠，1997）頁 224。

　　廟宇一方面為了應付信眾的需求，一方面為了使廟務能夠正常營運，開始推出許多類商業行為的宗教儀式，隨著信眾間的口耳相傳與媒體的爭相報導，廟宇間進而出現一股相互仿傚的風氣。而這些信仰儀式活動的舉辦，每年可為廟方帶進為數可觀的香油錢，對於廟務的推動，確實亦帶來很大的助益。因此每年年初，各地廟宇即開始大肆宣傳自家廟宇所提供的各項宗教服務，為了爭取更多的信眾安太歲，有的贈之以紀念品，〔註12〕有的則選擇雇用廣告車或以夾報廣告、第四台跑馬燈等方式宣傳，甚至還打出「多人同行另有優惠」的特價方案。〔註13〕這種商業化取向的行銷手法，不但可藉由媒體的宣傳以達到自身廟宇的能見度，同時也可為廟宇引進大量香油錢，對於廟宇的宣傳與廟務的推動不無助益。

　　宗教信仰與儀式行為的持續是因為它至少滿足了認知的、實質的、宣洩的三種人類的慾望。所謂認知的慾望指的是，人類對於宇宙存在以及企圖對社會的事實做合理解釋的慾望；實質的慾望則是指人類對於克服日常生活所遭遇到的困難的企圖，包括身體的、營生的、社會的、政治的種種方面；而宣洩的慾望則是指一些為社會所壓制的動機，企圖做轉移性的發洩與表達。〔註14〕李亦園認為，有相當比例的人不但求神問卜，以解答未知，更是進一步企圖以超自然的辦法來改變命運或解決問題。〔註15〕在這些信仰儀式的運作機制中，可以看到信徒對於儀式的認同，寺廟透過各種信仰儀式活動的舉辦，提供了各式宗教服務讓信徒選擇並參與，通過這些儀式，信眾不但可從中獲得親身接觸的參與感，亦可建立起信眾與寺廟互動的基礎。

（二）信仰符碼的商品化

　　神像可以說是信仰的具象化，透過傳說的建構，賦予了諸神祇鮮明的性格與形貌，而神像的雕刻與製作，則更進一步地將其物質質化、具象化，使諸神祇的形象可以更清楚地呈現在眾人面前，因此也可以說，神像使得信仰符碼更具體化，也使得信眾有參拜與遙想的對象物。

〔註12〕〈安太歲點光明燈　南鯤鯓代天府送銅幣〉，《中華日報》B7 南瀛鄉情，2007/2/13。

〔註13〕〈現實生活缺乏安全感　大甲鎮瀾宮五萬人安太歲〉，《聯合報》第3版焦點，2003/2/25。

〔註14〕李亦園《中國人的性格》（台北：桂冠，1992）頁181～200。

〔註15〕李亦園《宗教與神話論集》（台北：立緒，1998）頁40。

五王公仔圖

　　自民國九十七年開始，南鯤鯓代天府開始與廠商結合，並成立商品部販賣多款形式之商品，企圖以更多元的形式表現傳統信仰。例如將諸神像製作成 Q 版公仔或存錢筒形式，企圖將信眾的宗教認同轉化為對商品的認同；此外，亦將傳統的香火袋製作成精製的平安福袋，除了可供信眾隨身攜帶保平安外，亦考量其裝飾性與藝術性，藉此吸引年輕一代人的目光。

　　南鯤鯓代天府所販售之商品，除了上述之公仔、存錢筒和平安福袋外，尚有「太歲銅幣」、「2008 年鯤鯓王出巡澎湖 DVD」等商品，同時亦與郵局合作，推出鯤鯓王個人化郵票。此種將信仰符碼商品化的方式，不僅可以藉由商品的推廣行銷廟宇，亦可為廟方增闢另一經濟來源。

　　信仰符碼除了應用於商品的販售外，大眾商業銀行亦曾以南鯤鯓之名，推出「南鯤鯓認同卡」，只要持卡消費，銀行就會代替消費者將其消費金額的千分之二點七五捐獻給代天府，當作香油錢，不僅可以消費還可以兼做善事。〔註16〕這些商品原本和南鯤鯓代天府並沒有任何關連，但若透過「鯤鯓王」

〔註16〕　「信用卡市場也有不少發卡銀行結合宗教團體，發行宗教認同卡。而宗教認同卡共同的特色是結合公益、大部分免年費、呆帳率低、剪卡率更低。……通常這一類宗教卡，由於製卡時加入「過爐」或「加持」過程，訴求一卡在

此一信仰符碼的連結，再將此商品於廟中進行祭拜、過香煙等信仰儀式，反而具有保平安的象徵意涵，當消費者消費了這樣物品時，亦隱含了對此物品的認同，而消費行為則強化了此意念，因此消費行為亦可視為是一種對認同的建構與再強化。﹝註17﹞

社會的激烈競爭，使得非營利組織面臨了困難的挑戰，為了取得充足的資源，越來越多的非營利組織導入商業化的概念，利用企業化的經營模式來取得足夠的資金以達到組織的目的。而同樣可視為非營利組織的傳統廟宇，為了在現代生活得以生存，同樣不得不以各種類商業行為的方式，來為廟方引進大量香油錢，因此，宗教服務的提供在今日社會裡，已成為許多廟宇經濟的來源之一，安太歲與平安燈等儀式，都是屬於較為常見的宗教服務，除了宗教服務的提供外，有些廟宇更與廠商結合，推出周邊商品，希望藉此將信眾對於該信仰的認同投射至商品上，進而促進其消費欲望。以平安燈或安太歲為例，多以數百元或數千元為計費單位，一年累積下來的收入甚為可觀，根據交通部統計處民國九十一年度的資料顯示來看，在全台二百五十二個觀光景點中，遊客量（包含香客和遊客）擠進前十名的廟宇共有三間，分別為麻豆代天府、北港朝天宮和南鯤鯓代天府，其中南鯤鯓代天府計有三百四十五萬人次，﹝註18﹞若以此人數估算廟方每年在宗教服務上的經濟收入，將是一筆非常龐大的數目。多數廟宇多能抱持著取之於民用之於民的心態，因此在社會福利方面亦多有所貢獻，內政部自民國六十五年起，對於興辦公益慈善及社會教化事業績優之宗教團體亦多會予以表揚，而南鯤鯓代天府即曾於民國七十一年度「捐資興辦公益慈善事業及社會教化事業」的表揚名單中名列第三。﹝註19﹞面對社會結構與文化的改變，許多傳統廟宇為了生存多半會

身，刷卡同時保平安；再加上卡片正面有神像，為了避免冒犯神明，剪卡率特別低。……像這一類認同卡發卡銀行，會提撥刷卡金額的0.275%做為認同團體的慈善回饋金，因此購物的同時，也捐出了愛心。」〈宗教認同卡 顧客忠誠度高〉，《經濟日報》第7版，1998/04/07。
﹝註17﹞「布希亞認為消費者透過展示自己所買的物品，創造並保持一種認同」Robert Bocock著，張君玫、黃鵬仁譯《消費》（台北：巨流，1996）頁105。
﹝註18﹞〈香火旺 麻豆代天府 全台最in景點〉，《聯合晚報》第3版，2003/10/01。
﹝註19﹞「台灣那一間寺廟香火最盛？從民政廳公佈各寺廟七十一年度捐資興辦公益慈善事業的多寡，可知端倪。北港朝天宮捐了五千九百餘萬元，香火最盛；南投縣名間鄉受天宮以三千一百餘萬元居次；台南縣南鯤鯓代天府二千四百餘萬元第三。」〈從慈善捐款 看寺廟收益〉，《聯合報》第2版，1983/5/11；〈捐錢做公益 55 績優宗教團體獲表揚〉，《聯合報》第18版，2001/9/13，〈台灣

擴增其經濟來源，許多信眾基於心理因素，多半帶有花錢消災的觀念，因此寺廟裡種類繁多的宗教服務，即順著信眾的需求而得以迅速發展，而廟方在累積了大量的香油錢後，理應抱持著取之於社會用之於社會的回饋心態。

第二節　宗教與觀光的結合

（一）宗教與觀光的關係

自古以來，宗教上的朝聖一直是一項重要的旅行動機，最著名的是回教徒到麥加去朝聖，時至今日仍極重要。每年都有成千上萬的人，前往其所屬教派之總部及其宗教聖地朝拜。此類旅行通常是採取團體旅行的方式，在世界各角落均可發現前往著名教堂及各宗教總部朝拜的清教徒旅行團。大部分觀光客所以到以色列旅行，正如許多天主教徒前往羅馬梵蒂岡旅行的心情一樣。參觀各教派的教堂、寺廟也是另一項重要的行程，如巴黎的聖母院和羅馬的聖彼得教堂、泰國的廟宇等等，均為重要的觀光資源。〔註20〕

在中、上古時代，宗教旅遊即非常普遍，長途的旅行多起因於強烈的宗教「信仰心」，如古埃及時代，宗教信仰主宰人類的生活，因此，至各地廟宇參拜往往引發其旅遊動機，每年皆舉辦數次的宗教節日集會活動，吸引許多人潮。〔註21〕羅馬時代交通發達，部分特權階級的人士喜歡從事旅行，觀賞地中海地區著名的神廟、埃及的金字塔和紀念堂，成為一種風尚。〔註22〕十一世紀至十三世紀，是十字軍東征時期，由於十字軍的遠征，對於陸路與海路的開拓，東西文化得以交流，貿易活動也因而復甦，加上耶路撒冷城之允許各回教徒、基督教徒自由參拜朝聖，而亦形成大量的朝聖觀光人潮，並擴及為世界性的朝聖旅遊朝，〔註23〕此外，伊斯蘭的興起也帶動了亞太地區宗教旅遊的發展。但此時宗教旅遊的動機仍僅於宗教因素，為了對神表示敬意或有所請求。藉此不難發現，朝聖的出現帶來一種新的、嚴肅的旅遊動機，

　　真奇廟賽錢箱探祕〉，《聯合報》第 17 板，1992/5/3。

〔註20〕李銘輝《觀光地理》（台北：揚智，1990）頁 69。

〔註21〕孫武彥《文化觀光》（台北：九章，1994）頁 79。

〔註22〕李貽鴻《觀光學導論》（台北：五南，1998）頁 9～16。

〔註23〕陳思倫、宋秉明、林連聰編著《觀光學概論》（台北：國立空中大學，1996）頁 12～28。

　　這原始的朝聖，單純是為了宗教的目的到聖地旅遊，〔註 24〕然而，為了解決前往朝拜者的住宿問題，在聖殿周圍亦同時逐漸形成商業活動及客棧的設立，因宗教旅遊所帶動的商業活動自此逐漸形成〔註 25〕。

　　到了十三、四世紀時，朝聖則已經是個廣為流行的現象，不但切實可行而且制度完善；不但有慈善招待所連結而成的服務網絡系統，還有教導如何盡情玩樂的手冊，〔註 26〕像這樣的朝聖之旅經常是融合了宗教虔誠、文化見識與吃喝玩樂的混合體，不到十五世紀，威尼斯就已經出現了定期出發到基督教聖地的觀光旅行團。〔註 27〕

　　世界多數宗教都有至聖地朝聖的習俗，朝聖是一種表達強烈熱誠與信仰最古老的方式。宗教的神聖力量與靈驗事蹟凝聚信眾的信仰情感與態度，此宗教性的感覺與需求形成旅客遷徙的動機，更甚而演變成為世界性的朝聖旅遊潮。以台灣的民間信仰為例，大甲鎮瀾宮徒步至新港奉天港進香的八天七夜行程即為一著名的例子，許多研究結果皆曾指出，那些參與大甲鎮瀾宮八天七夜徒步進香儀式的眾多隨香客，其動機多半是為了還願或祈求平安而來，宗教的神聖力量與靈驗事蹟的發生，凝聚了這些信眾的信仰情感與態度，使得他們願意於每年的固定時間撥空參與大甲媽祖進香活動，並持續於兩地間往返。

　　宗教雖然是一種超自然的神靈社會意識型態，但其文物包括建築、雕塑、壁畫等造型藝術，表現宗教與文化藝術之美，更巧妙地利用自然形勝，依山傍水，創造豐富的空間藝術，〔註 28〕例如有王爺總廟之稱的南鯤鯓代天府、位於新竹縣與苗栗縣交界處的獅頭山、台南縣關仔嶺的大仙寺、台北木柵指南宮、高雄佛光山等，均為重要的觀光資源。此外，宗教旅遊亦多與節慶或祭祀活動相結合，使旅遊活動達到高潮，以台灣的傳統廟宇為例，許多慶祝神祇誕辰的大型慶典，往往容易形成吸引人潮的著名據點。例如前述的大甲

〔註 24〕 李貽鴻《觀光學導論》（台北：五南，1998）頁 9～16。

〔註 25〕 孫武彥《文化觀光》（台北：九章，1994）頁 27。

〔註 26〕 Feifer, M.《Going Places》〔London：Macmillan，1985〕頁 29；Eade, J. and Sallnow, M.（eds）《Contesting the Sacred. The Anthropology of Christian Pilgrimage》〔London：Routledge，1991〕此處參考自 John Urry 著，國立編譯館主譯，葉浩譯《觀光客的凝視》（台北：書林，2007）頁 24。

〔註 27〕 參見 John Urry 著，國立編譯館主譯，葉浩譯《觀光客的凝視》（台北：書林，2007）頁 24。

〔註 28〕 盧雲亭《現代旅遊地理學》（台北：地景，1999）頁 27～28。

鎮瀾宮進香活動，近幾年來在媒體的炒作與台中縣政府的整體規畫與重新包裝下，已成為三月間的全台盛事；而鹽水武廟前的蜂炮慶元宵活動、台東炸寒單爺、宜蘭頭城搶孤等民俗活動，亦多發展自傳統廟宇。

　　根據觀光局統計指出，旅遊人數排列的國內前十名名勝，民國七十至七十二年南鯤鯓代天府和麻豆代天府名列榜首，〔註 29〕民國八十二年，麻豆代天府和南鯤鯓代天府再度成為國人旅遊人數最高之一、二名。〔註 30〕有些知名廟宇甚至成為員工旅遊的熱門地點，一來可以拜拜祈求平安，二來又可達到旅遊之目的，旅行團負責人即曾表示：「進香團較一般旅遊團費便宜許多，三天兩夜約兩千餘元，和一般旅遊不同的是，團員從不抱怨行程太過勞累，因為參加者多本著一顆虔誠的心前往膜拜，是愈拜愈有勁。」〔註 31〕因此各地的名勝古蹟亦或相傳靈驗度較高的廟宇，往往成為旅遊勝地。

　　由以上諸多例子看來，可以發現，宗教與觀光有著非常密切的關係，

〔註29〕　「統計處分析，如以國內風景遊樂區十大排名而言，名列榜首者，六十九年
　　　　　為基隆中正公園、七十至七十二年為南鯤鯓廟、麻豆代天府，七十三至七十
　　　　　五年為澄清湖，至七十六年台北市立動物園開放後，便後來居上，遙遙領先
　　　　　其他風景遊樂區，成為民眾的最愛。」〈風景遊樂區無啥特色十年來遊樂區大
　　　　　增但遊客卻減少〉，《經濟日報》第 11 版，1991/09/26。
〔註30〕　旅遊人數排列的國內前十名名勝如下：
　　　　（1）麻豆代天府，三百八十二萬七千八百七十八人次。
　　　　（2）南鯤鯓廟三百八十萬零五千三百九十八人次。
　　　　（3）澄清湖二百零六萬二千二百八十五人次。
　　　　（4）陽明公園一百七十三萬三千二百一十九人次。
　　　　（5）故宮博物院一百七十二萬三千六百五十四人次。
　　　　（6）石門水庫一百六十三萬三千八百廿三人次。
　　　　（7）墾了公園一百萬零五千九百零八人次。
　　　　（8）太魯閣九十八萬九千三百五十人次。
　　　　（9）烏來九十八萬三千七百九十四人次。
　　　　（10）礁溪九十三萬二千四百八十八人次。
　　　　〈國內名勝旅遊人數　麻豆代天府居首位〉，《聯合報》第 3 版，1984/01/30。
〔註31〕　「第一次對外公開招募新春進香團的負責人廖美齡表示，進香團較一般旅遊
　　　　　團費便宜許多，三天兩夜約兩千餘元，和一般旅遊不同的是，團員從不抱怨
　　　　　行程太過勞累，因為參加者多本著一顆虔誠的心前往膜拜，是愈拜愈有
　　　　　勁。……近年來，只要靈驗，新廟一樣香火鼎盛，像台北龍山寺、保安宮、
　　　　　新竹城隍爺廟、鹿港天后宮、南投松柏坑受天宮、北港朝天宮、台南南鯤鯓、
　　　　　高雄佛光山等都是熱門廟宇。」〈景氣長黑　進香旅遊團長紅〉，《聯合報》第
　　　　　27 版，1991/02/07。

而宗教與觀光的結合往往也可以為地方帶來新的商機與發展。戰後，隨著社會結構的改變與生活型態的變異，許多傳統廟宇逐漸往觀光發展的面向積極拓展，近幾年文建會為推展地方文化發展，以傳統廟會為基礎，注入更多元的活動型態加以包裝，重新以各種慶典活動的新面貌行銷地方，傳統廟宇的發展隨著文化政策的改變，紛紛出現了新的生機與型態。

（二）南鯤鯓代天府的空間配置與觀光資源

一般來說，寺廟觀光區主要的活動包括有宗教活動、遊憩活動及由前兩者所帶來的服務活動。宗教活動包含有宗教儀式、遊客進香、傳教行為等；遊憩活動則可分靜態觀光與動態遊樂，靜態觀光有觀賞風景、文物古蹟、建築、神佛塑像及庭園等，動態活動有野餐露營、人工遊樂場等；服務活動則有攤販、商店買賣、餐飲、住宿等。〔註32〕然而不管是宗教、遊憩，抑或服務活動，皆須仰賴空間才得以進行，因此，廟宇的空間配置與規劃對於這些活動的進行，有著一定程度的影響，以下則先針對南鯤鯓代天府的空間配置作一闡述，再進而討論其所具備的觀光資源。（見圖 4-3）

廟宇作為信仰載體，可說是一非常重要的空間，也因有此空間的存在，才得以在其中進行各式宗教活動。就廟宇的空間性質來看，約略可分成祭祀空間、緩衝連接空間，和附屬服務空間等三類。也因為有這個基本的空間層次，對於至廟參拜的信眾而言，其心理過程亦有了清楚的轉換。〔註33〕

1. 祭祀空間（見圖 4-1）

祭祀儀式是信仰的實踐，亦為廟宇的重心所在，因此祭祀空間的存在可視為是一間廟宇最重要也是最基本的配置。一般來說，主要祭祀空間位於配置中心或偏後，使信仰者能經過一些空間的緩衝，而達到崇拜心理高潮，然後再經過一些清淨的祭祀空間，使得心理情緒能夠持續平靜。通常時代較為久遠，亦或較具規模的廟宇，其祭祀空間可分為主要祭祀空間的正殿、次要祭祀空間的後殿和附屬祭祀空間的側殿。

a. 正殿：

即所謂的五王殿，中祀五府千歲，左為中軍府，又為城隍衙。正殿是各

〔註32〕 李銘輝《觀光地理》（台北：揚智，1998）頁 177～188。
〔註33〕 張金鶚〈台灣廟宇建築與人民生活信仰〉《台灣文獻》（第 29 卷第 3 期，1978）頁 178～182。

種信仰儀式的進行場所，包括信徒的上香祭拜、求籤卜卦，是廟宇的重心所在。

　　b. 後殿：

為主祀觀音佛祖的青山寺，左為天公壇，右為註生娘娘墊，格局較正殿為小。

　　c. 萬善堂：

萬善堂目前之廟貌，乃於民國五十六年擴建而成，主祀萬善爺。一般信徒在經過正殿、後殿的祭祀後，多會再轉入萬善走廊至後方萬善堂進行祭拜，拜完萬善爺後，祭拜儀式才算正式完成。

　　d. 拜亭：

建於民國六十一年，為南鯤鯓代天府各宗教儀式進行的主要空間。

圖 4-1　代天府內部配置圖

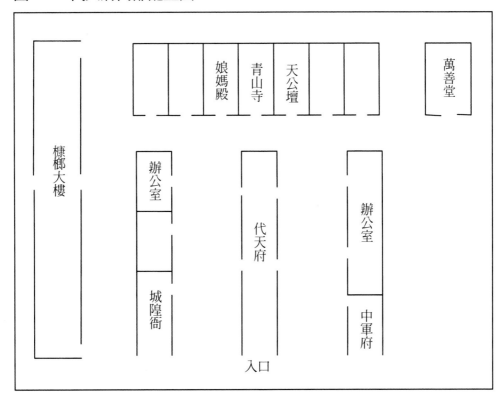

資料來源：本研究繪製。

2. 緩衝、連接空間：

從平日的活動空間進入廟宇祭祀空間，從動態到嚴肅的過程，其間用以連續的介質，也許在空間本身的意義上較不具價值，但在整個空間過程的轉換中，占了很重要的位置。緩衝、連接空間位於主要活動空間和主要祭祀空間之間，例如廟埕、廊道或山川門皆屬此類。〔註34〕

a. 廟埕：

廟埕本身的功能其實是相當多元的，平日或許扮演著庶民的生活空間，然若遇到進香期，則又成為半祭祀空間，作為進香團體的過渡空間。一般進香團的車子多駛至大山門（牌樓），進香隊伍再從牌樓處徒步進祭祀空間，一方面使其心理狀態有可轉換的緩衝空間，另一方面，隨進香團而來的陣頭亦多於廟埕操演，因此廟埕亦可視為這些進香團的展演空間。

b. 神轎停放區：

每年至南鯤鯓代天府進香的團體不計其數，一般來說，進香團體的陣容多半非常龐大，包括有神轎和其它進香儀器，因此南鯤鯓代天府另外設置有神轎停放區，提供給一般進香團體使用。

c. 萬善走廊：

建置於民國六十一年，連接正殿與後方萬善堂，在視覺效果上，具有一氣呵成之整體感，而廊道的設計亦可看出廟宇的秩序設計，使信眾有其依循之路線，不致顯得雜亂無章。

3. 附屬服務空間：

傳統廟宇基於現代化管理的要求，使得附屬服務空間更加需要，許多以觀光為發展目標的廟宇，其附屬服務空間則又比一般廟宇更趨於多元。

a. 停車場：

南鯤鯓代天府不僅有王爺總廟之稱，更已成為全國指標性廟宇，每逢年節時期、進香旺季，或鯤鯓王平安鹽祭舉辦期間，多會帶來大量車潮，因此對於停車空間的需求相對大為提高，早期香客車子多半只能停在廟埕前的廣場，後因需求增加，民國八十年左右，廟方於萬善公園旁闢建第二停車場，以解決進香旺季的車潮；此外，現任總幹事侯賢遜上任後，再度與雲嘉南濱

〔註34〕 張金鶚〈台灣廟宇建築與人民生活信仰〉《台灣文獻》（第29卷第3期，1978）頁180。

海國家風景區相互配合，向交通部爭取廟前十甲地的停車場，專供南鯤鯓代天府之進香客與遊客使用；而這歷時三年打造的南鯤鯓特定區停車場，已於民國九十七年鯤鯓王出巡澎湖前夕正式啟用。〔註35〕

b. 販賣區：

販賣區可分為冷飲部和商品部。前者顧名思義，以提供點心類食物飲料為主，後者主要提供紀念品之服務，民國九十七年為配合鯤鯓王出巡澎湖而成立。由南鯤鯓代天府與廠商合作，並提供場地成立商品部，販售以鯤鯓王信仰為主軸之周邊商品，相關商品包括有以五王形象所設計的五府千歲公仔、萬善爺存錢筒、平安福袋、保身納福吊飾、五王公仔鑰匙圈等商品。希冀透過「鯤鯓王」符碼的再應用，將各式神祇形象製作成可吸引旅客與信徒目光的商品形式，可進而達到行銷廟宇的功效。

c. 管理空間

管理空間可說是現代廟宇最重要，也是最顯著增加的空間，尤其越大越有名氣的廟宇，其所需的管理空間也越大。南鯤鯓代天府管理委員會為推展廟務與會務，另設置總幹事一名，其下又設有總務組、財務組、營建組、祭祀祖、公關組、椿榔山莊管理組和文史企劃組七個組別，分組辦事，此外亦另有警衛隊負責管理維護活動期間的秩序，而這些組別分別都有屬於自己的辦公室，此部分則屬於廟宇內部的管理空間。其中祭祀祖與營建組辦公室所在空間，乃民國五十五年所增建之廂房，而公關組、商品部所在之「蔚華樓」和警衛室所在之「祥麟樓」兩處原為攤販聚集處，經整建後呈現今日所見之外貌，於民國九十二年完工。

d. 庭園空間：

南鯤鯓代天府占地廣大，內部置有大量的庭園景觀，例如萬善堂旁置有萬善花園、鯤園、虎苑花園、信徒捐贈的海山亭、鯉魚池、三百年建醮時由斗燈首所捐獻的慶成閣，大鯤園文化園區內部佔地六公頃的庭園建設等，皆轉換為南鯤鯓代天府有利的觀光資源。

〔註35〕 「此工程從 2005 年動工興建，分成四期逐步施工，每期工程經費都在一、二千萬元，占地九公頃，內設有廣場、步道及廁所，可容納停放的車位大型車為 146 個、小型車為 243 個，有助於進香旺季及年節期間的交通疏散。」見「南鯤鯓特區停車場將先開放」，《中華日報》B7「南瀛鄉情」，2008 年 4 月 9 日。

e. 住宿區：

即所謂的香客大樓，南鯤鯓代天府香客大樓之建造與使用可分為三個時期，第一個時期是興建於民國五十六年的「富美莊大樓」，此大樓設計訴求以簡單休憩為主，採取住宿區和盥洗區分離形式，設備較為簡單。第二個時期是完工於民國八十一年的「檳榔山莊」，隨著生活品質的提升，廟方有感於富美莊大樓的設備已不符合時人的需求，加上當時廟方積極朝觀光面向發展，故計畫重新建造香客村，檳榔山莊為仿閩南四合院式之建築，計有七十四間套房，另設置有鯤海樓餐廳，可供兩千人用餐及大型集會使用。平常使用情形以租借場地辦理活動者居多，遊客使用率偏低，主要原因是南鯤鯓代天府所處環境店家較少，生活機能較差，因此廟方目前正積極進行七樓現代化香客大樓的建設，此為南鯤鯓代天府香客大樓的第三個時期，此新香客大樓除了規畫美食街以解決生活機能的不足外，亦增加有網路和卡拉 ok 等娛樂設備，希冀以更符合現代人需求的設計將香客轉換為旅客。

f. 藝文空間

此部分包含早期運作的鯤瀛文化藝術館和後期的大鯤園文化園區。鯤瀛文化藝術館成立於民國八十三年，定期展出各式藝文活動，直到廟方於民國九十六年開始進行古蹟修復才暫時休館；大鯤園文化園區於民國九十七年動土，為期十年，於民國九十七年正式開園啟用，內部占地六公頃，設有「南鯤鯓文史館」，該館為地下一樓，地上三樓之木造建築。地下一樓為洪通館，此外亦介紹五王的神蹟記錄和各式出巡文物與資料，一樓則分成數個小館區，介紹南鯤鯓代天府的由來、沿革，以及建築特色，二樓則安排不定期的藝文展覽館，三樓為視聽室。〔註36〕大鯤園文化園區開園後，原鯤瀛文化藝術館的藝文展覽功能已轉至園區內舉辦，並由文史企劃組負責管理，大鯤園文化園區開園至今，已舉辦過數場藝文展覽。

表 4-1　大鯤園文化園區展出活動明細

場　次	展覽時間	展覽活動
12	98. 10.23～99.01.23	張萬興·藝動人生——攝影展
11	98. 09.18～10.19	王敏雄·蚵學傳奇——蚵殼創作展

〔註36〕 大鯤園文化園區文宣，2008 年製。

10	98.08.14〜09.14	陳丁林・站在地球的頂端——窺尋北歐攝影展
9	98.07.10〜08.10	洪翔鵬——南化・藝術村陶畫展
8	98.06.05〜07.06	高基培老師——木雕展
7	98.05.01〜06.01	梁夢 大師——書畫展
6	98.03.27〜04.27	凃素津老師——油畫創作展
5	98.02.20〜03.23	謝永田老師——畫法展
4	98.01.16〜02.16	陳德心老師——油畫創作展
3	97.12.12〜98.01.12	洪清課老師——傳統木雕展
2	97.11.07〜12.07	洪傳桂老師・鄉情北門——水彩畫展
1	97.10.18〜11.01	蕭季慧師生——雙管書法展

資料來源：南鯤鯓代天府管委會。

圖 4-2　大鯤園文化園區內部圖

資料來源：大鯤園文化園區文宣，2008 年製。

　　南鯤鯓代天府整體格局大致由祭祀空間、緩衝空間和附屬空間所形成，有些廟宇甚至會有所謂的生活空間，所謂的生活空間是指一般人生活活動的空間。在台灣，宗教信仰已成為人民生活的一部分，因此廟宇所在地往往也成為一般人生活空間的延伸，成為其日常活動的主要場所，例如老人的閒聊、小孩的玩耍、攤販的叫賣、農民的曬穀或漁民的補網等等，在在促進廟宇的

多樣性，使得廟宇在祭祀空間外，更是一般人日常生活的活動空間。廟埕是廟宇中最容易成爲一般人生活空間的地方，其活動型態大多屬於較爲動態的形式，如前面所提的小孩玩耍、攤販叫賣，或是戲臺的演出等。因此，廟埕本身除了廟宇的活動外，更具備該地區之公共活動空間的條件。以南鯤鯓代天府爲例，早期廟宇兩邊散佈著眾多攤商，以進香客爲其主要客源，並長期生活於該地，此外，也有許多販賣金紙和香的零售戶，直接在廟埕上向人兜售，使得廟宇的部分空間成爲這些攤商的主要生活空間，後經廟方的整頓，昔日攤商已遷移，並改建成今日所見之蔚華樓和祥麟樓，〔註37〕設有辦公室、警衛室、宗教文物交流處等。

　　祭祀空間可說是一間廟宇的基本設置，而緩衝空間則視廟宇所在環境而決定，一般位於都市的廟宇，爲了配合都市發展，可以自由使用的空間並不多，而附屬空間越多者，其所具備的觀光機能就越齊全。南鯤鯓代天府民國五十九年被前台灣省政府核定爲「台灣省宗教紀念物觀光區」後，又被內政部評列爲國定二級古蹟，〔註38〕因此近幾十年來，不斷地朝觀光化的方向發展，積極擴充硬體設備，檳榔山莊和大鯤園文化園區都是近幾十年爲了發展觀光而擴增的建築，廣大的腹地爲其觀光發展帶來優勢，此外，又積極結合藝文，成立大鯤園文化園區，展示五王信仰和各式祭典與藝文活動。余幸娟曾以南鯤鯓代天府爲研究對象，探討其宗教觀光客旅遊動機與滿意度，研究中發現，至南鯤鯓代天府之遊客的旅遊動機，除了拜拜祈求神明庇佑之外，尚有尋求精神慰藉與心靈平靜、促進親友情感交流、歷史文物偏好、休閒調劑和自我滿足等多元化的需求，〔註39〕可見一般人去南鯤鯓代天府除了基於信仰上的需求外，也有很多人是爲了休憩而前往參觀，因此，傳統廟宇在現代社會裡的應朝更加多元的面向發展，以符合

〔註37〕 雙方經過長時間的協調溝通後，於 1997 年 12 月，以每坪補償拆遷費新台幣若干元的方式，雙方達成協議，先行支付二分之一訂金，繼續經營至 1998 年 12 月底，再付二分之一尾款，店鋪土地正式收歸廟方所有。收回之廟地，廟方重新規劃加以整頓後，興建成今日所見之二樓式廂房，於 2003 年完工。洪高舌《洪高舌奮勉五十年》（台南：台南縣鯤瀛詩社、台南縣國學會，2001）頁 16。

〔註38〕 1985 年內政部評列爲「台閩地區第二級古蹟」，1997 年精省後古蹟僅分「國定古蹟」與「縣定古蹟」二級，故南鯤鯓代天府直接升格爲「國定古蹟」。

〔註39〕 余幸娟〈宗教觀光客旅遊動機與其滿意度之研究——以台南南鯤鯓代天府爲例〉（台北：中國文化大學觀光事業研究所，88 學年度）頁 82～89。

現代人的需求。余幸娟在其研究中亦配合問卷調查的方式，整理出至南鯤
鯓代天府之旅客旅遊動機及其滿意度，研究中發現，許多旅客對於南鯤鯓
代天府之廟宇建築藝術、古蹟保存與維護、庭園景觀、停車便利性和地方
文物藝術展示等遊憩環境、服務設施和活動的滿意度是偏高的，由此可發
現，廟方為了朝觀光發展所擴充之觀光資源已足以吸引旅客的目光；然而
在住宿服務品質方面卻有著期望高滿意度卻低的落差，檳榔山莊為代天府
邁向觀光化的主軸及觀光遊憩特色之宣傳點，但實際結果卻不如預期，廟
方認為是因為生活機能不足與娛樂設備不足所致，因此目前正積極增建符
合現代人需求的香客大樓。

　　戰後寺廟經營常呈現有觀光化的取向，〔註40〕而觀光事業的發展，必
須有其背景，社會變遷往往是最主要的關鍵，社會變遷含括的面向非常廣
闊，包括政治環境的改變、經濟結構的重整、文化、教育、思想型態等諸
多因素的改變都會改變一個時代的發展。戰後的台灣社會，從農業社會步
入工商社會，隨著社會、經濟結構的改變，生活方式勢必有某種程度的調
整，為了適應大環境變遷所帶來的需求，廟宇在經營與運作上亦不斷地調
整與改變。

〔註40〕宋光宇〈當前台灣民間信仰的發展趨勢〉《漢學研究》（第2卷第1期，1984）
　　　　頁199～234。

圖 4-3 南鯤鯓代天府現況圖

1. 大鯤園	6. 凌霄寶殿	11. 楝榔山莊
2. 山門	7. 萬善公園	12. 停車場
3. 拜亭	8. 萬善走廊	
4. 代天府	9. 萬善堂	
5. 鯤瀛大樓	10. 富美大樓	

資料來源:「南鯤鯓代天府空照圖」

（三）「鯤鯓王平安鹽祭」的舉辦

1. 節慶活動的內涵與意義

近幾十年來，各縣市政府為了行銷地方，紛紛推出各式節慶活動以吸引群眾的目光，節慶活動的「節慶」是「節日慶（祭）典」的簡稱，節日指的是各種傳統節日（例如端午節、七夕、神明誕辰、中元祭等等）或在新時期創新的各種節日（例如國際童玩節、黑鮪魚文化觀光季、東山咖啡節等等）；「活動」則常指特殊活動（special event），也就是指不同於日常生活的活動。節慶活動往往是為了紀念、慶祝特殊的時刻或者是為了達到特定的社會、文化、地方發展目標，而在事件上精心、刻意設計出來的獨特儀式、典禮、演出、慶典，它可以包含國定假日的慶祝，重要社會發展的紀念日、特別民俗文化展演的時刻、重要運動競技、地方值得公開慶祝的日子所辦理的各種文化的、歡樂的、紀念的、競技的、知性的、心靈的、獨特的展演活動。〔註41〕

節慶活動並非現代的產物，其實早在古埃及、希臘及羅馬時代就已風行。〔註42〕在古埃及時期，每年會舉辦數次大型的節慶活動，供民眾參加，節慶可說是當時重要的休閒活動之一。歐美各國雖然對節慶活動的研究持續增加，但對於「節慶」的定義範圍至今卻仍未有明確的定論，學術研究亦未加以明確區隔，但基本上皆各有其共通性與特殊性，一般認為節慶活動普遍具有幾點特徵：提供休閒、文化或與社會接觸、有主題或為慶祝某事件、公開的活動、沒有永久固定建築結構、地點多在同一區域範圍、定期舉行、需要資金支援等。〔註43〕節慶活動隱含了諸多潛在功能（表 4-2），因此很多學者認為，可將地方文化活動視為一項產業活動，其生產機能與其它產業無異，因其所創造的環境與衍生的經濟活動與經濟效益，可帶動周邊土地與相關服務業的價值。〔註44〕

〔註41〕陳希林、閻蕙群譯，強尼・艾倫、威廉・歐圖爾、伊恩・麥唐納、羅伯・哈里斯合著《節慶與活動管理》（台北：五觀藝術管理，2004）。

〔註42〕例如由希臘人首創於西元前 776 年的奧林匹克運動，便是舉世聞名而歷久不衰的一項超大型的運動節慶活動。

〔註43〕陳威豪〈宜蘭國際童玩藝術節之未來發展策略研究——以 5 年為未來推估期程解析地方文化觀光活動〉（宜蘭：佛光人文社會學院未來學研究所碩士論文，2003）頁 23。

〔註44〕吳怡彥〈從廟會活動來探討大廟與舊市街關係——以林口竹林山觀音寺為例〉（台北：國立台北大學都市計劃研究所碩士論文，88 學年度）頁 5～16。

表 4-2　節慶活動的潛在功能

功　能	說　明
地方經濟開發	1. 各種地方特產或農、漁產品的促銷。 2. 開發地方產業為地方帶來經濟上效益。
觀光開發及增加觀光收益	1. 在觀光旅遊旺季時提供特殊節慶吸引遊客，以 2. 延伸觀光遊憩季節。 3. 增加人為的觀光吸引力。 4. 使較單調的觀光或靜態的觀光地點、度假區或 5. 遊樂區更活潑化。 6. 配合永續觀光，以提供創意的活動，來減輕觀 7. 光對資源的過度破壞。
提供休憩機會	節慶的歡樂氣氛提供民眾另一種型態的休閒活動。
保存文化傳統與藝術	利用節慶活動將各式民俗及傳統文化藝術展現出來。
形象塑造	包括政府、私人企業與社區之形象塑造。
社區營造與凝聚力	利用民眾參與節慶活動，凝聚社區意識，加強社區團結，達成社區整體營造功能。
信仰與心靈寄託	古老節慶活動往往是與祭祀、敬神相關。
各種商品的促銷	凝聚人潮以達成商品銷售目的。
教育與意識宣導	政府或社會團體透過節慶活動將其理念或意識宣導出來。
提高活力與能見度	經由媒體不斷曝光，讓政府或企業知名度大增。

資料來源：游瑛妙〈節慶活動的吸引力與參觀者對活動品質的滿意度分析——以第十一屆中華民藝華會為例〉（台中：台灣省政府交通處旅遊局，1999）。

　　近年來，節慶活動（special event）在國際觀光上的重要性已逐漸受到重視。在國外，愈來愈多的國家以推動節慶活動來作為保存民族傳統文化與藝術的一種策略，而在自然資源缺乏地區，舉辦節慶活動又不失為一重要的人為觀光吸引力（man-made attraction），世界各地許多國家的中央、地方政府、法人團體及私人機構紛紛以舉辦各式的節慶活動或擴大現有的節慶活動來達到以下的各種目的，例如休閒娛樂、環保理念的宣傳、增加觀光的經濟效益、社區的開發、公司或社區形象的塑造、產品的促銷，以及遊樂區在淡季時的市場行銷策略等。

　　節慶活動的舉行，不但能夠在短時間之內吸引眾多的人潮來參觀，亦可增加當地居民的收入、強化人民對文化的認同等。此外，也可經由此方式保

存其本身的文化與特殊資源，並經由行銷包裝手法，活絡當地經濟為其帶來可觀之商機。另外，也可以縮短一地區觀光淡季的時間，並增加觀光目的地的吸引力、延長遊客停留的時間、提供不同組合的旅遊體驗，亦可凝聚當地社區居民共識、提昇當地形象。在這樣的發展前提之下，近幾年來，台灣部份鄉鎮皆相繼舉辦不同規模的節慶活動來發展觀光，若依節慶之性質大致可分為：傳統民俗類、宗教信仰類、原住民慶典類、文化藝術類、地方特產類、特殊景觀類等。〔註45〕

　　台灣新興節慶的萌發，主要還是來自官方的催生。民國八十三年，文建會提出「社區總體營造」凝聚地方共識，來統合新的觀念和操作方式。「社區總體營造」的政策方向是期盼能從文化建設的角度切入，建立台灣基層社區共同體意識，無論是城市或鄉村，希望在生活環境、美學品味、社區秩序與產業型態上，可以為台灣基層社區帶來一個全新的風貌。「總體」的意思並非馬上要全面推動所有的項目，而是要社區居民思考社區營造的無限可能性與靈活性，並提出「文化產業化、產業文化化」概念，加上觀光旅遊業配合政府推動的「一縣市一特色，一鄉鎮一特產」政策，各鄉鎮居民在專家輔助下開始規劃地方特色，發掘人文與自然景觀資源，作為旅遊觀光與遊憩發展，將自然、人文資源、地方產業互相結合發展產業觀光。而在社區總體營造意涵、發展休閒觀光二大力量交互作用下，台灣各地方已規劃完成一連串精緻的文化節慶，以發展地方產業、經濟，同時這些新節慶活動成功提升了地方形象，使台灣的觀光活動轉型為體驗地方自然氣候、風土、產業與生活文化的旅遊。〔註46〕

　　游瑛妙研究認為，隨著社會型態的改變，節慶與展售會的內涵也已跟著調整或改良，如今它必須同時具備產品展銷售、民俗活動參與、文化學習、休閒遊樂及社區發展等多重功能。〔註47〕國內為了推動觀光活動，創造各種節慶活動來作為吸引人潮的方式已蔚為風潮，除了典型的宗教慶典外，各地方為提高知名度或推銷地方產業莫不依照各自特色，去構思節慶活動的型式及辦法，藉由活動的舉辦，達到發展觀光、行銷地方、增加就業機會，以達

〔註45〕陳比晴〈民眾參與節慶活動需求之研究——以 2003 陽明山花季為例〉（台北：台灣師範大學運動休閒與管理研究所碩士論文，91 學年度）頁 9～11。

〔註46〕陳柏州、簡如邠《台灣的地方新節慶》，（台北：遠足，2004）頁 21。

〔註47〕游瑛妙〈節慶活動的吸引力與參觀者對活動品質的滿意度分析——以第十一屆中華民藝華會為例〉（霧峰：台灣省政府交通處旅遊局，1999）。

到繁榮經濟的目的。在二十一世紀全球化經濟體制的運行及國際休閒化的趨勢下，地方文化產業發展策略已成為各國地方經濟發展的主軸，地方文化產業的「特殊性」及「稀有性」成為吸引國際性的觀光休閒人潮、帶動觀光經濟與凝聚居民意識的主要資產。

地方文化產業具有「地裡依存性」（Geography Dependency），經由其地域空間環境的塑造，經由其自發性特質所衍生的產業，以其「地域特殊性」（Local Uniquness），如歷史記憶與價值、地方特色等，作為地方經濟再生與文化素質提升的主要策略。地方文化產業不僅是一項極具開發潛力的經濟及文化資源，且為地方發展無可取代的文化觀光資源，亦為人民生活共同記憶、歷史文化傳承的場所，具有延續地方傳統文化與凝聚社群共識、領域感、認同感等功能。故地方文化產業的開發，一方面可帶動地方建設發展及地方經濟衍生效益，亦可藉由地方特色創造觀光遊憩經濟及全球景觀流；另一方面藉地方性制度的建構，以提升地方認同感與凝聚力。地方文化產業具有歷史記憶及固有文化特質，不同類別的文化產業具有不同之地方文化特質、產業空間結構形式及消費結構，能引發共有的感受、價值記憶。〔註48〕

2. 鯤鯓王平安鹽祭

正如上所述，節慶活動所帶來的經濟效益與附加價值非常龐大，因此藉由節慶活動來發展觀光，已成為世界的潮流，近幾十年來，國內各縣市為了提高自身的能見度、繁榮地方經濟，亦爭相推出各式各樣的節慶活動以吸引觀光客的目光。隸屬交通部觀光局的雲嘉南濱海國家風景區基於上述因素，亦於民國九十三年推出「鯤鯓王平安鹽祭」活動，以結合自然生態、五王信仰和地方產業的形式為活動主軸，希冀藉此節慶活動的舉辦來帶動濱海地區的觀光人潮。

雲嘉南濱海地區是漢人較早從事開墾發展的地區之一，至今仍保留許多深具歷史價值的人文古蹟。此外，該區內因擁有獨特的濱海地形景觀，而孕育了多樣性的動植物生態相，形成極為特殊豐富的潟湖、濕地生態資源。百餘年來的曬鹽及漁耕產業遺留下豐富的文化、人文史蹟，而這些均成為區內豐富的觀光資源與特色。因此，為加速推動台灣西南沿海地區的觀光事業發展，行政院於民國九十二年十一月廿一日公告核定雲嘉南濱海國家風景區的

〔註48〕辛晚教〈地方文化產業與國際休閒化〉，收於《文化生活圈與文化產業》（台北：詹氏書局，2005）頁277～279。

範圍，並於民國九十二年十二月廿四日正式成立管理處，期能加強區內的觀光旅遊建設，提升遊憩活動的品質，將雲嘉南沿海地區發展為以濕地生態觀光、水域遊憩及結合歷史文化為主要特色的風景區。〔註49〕正如文化觀光所強調的，所有的文化產品或資源，只能在當地被參與、享受與消費，觀光客必須要親自前往才能體驗地方獨特氣氛。因此，民國九十三年雲嘉南濱海國家風景區立即推出結合自然生態、五王信仰與地方產業為活動主軸的「鯤鯓王平安鹽祭」，希望藉此節慶活動重新帶動雲嘉南濱海地區的觀光人潮。

該活動每年度均以遵道教科儀進行的平安鹽祈福儀式與平安鹽福袋贈送為活動主軸，並邀請各民俗藝陣表演團隊前來演出，搭配旅遊行程推廣與其他動態或靜態主題活動辦理，舉辦至民國九十八年已邁入第六年。選擇足以代表濱海地區王爺信仰的南鯤鯓代天府為活動場域別具意義，有王爺總廟之稱的南鯤鯓代天府已成為王爺信仰的指標性廟宇，利用「鯤鯓王」符號來作為該活動的名稱，主要是取其帶有神明庇佑的象徵意涵；而南鯤鯓代天府所在的北門區是台南縣內唯一濱海的地區，因為全區土質含有鹽分，向來就有鹽分地帶之稱，而曬鹽也成為該地昔日的主要產業活動，鹽本身就有驅邪的象徵意涵，加上「鯤鯓王」符碼亦帶有神明庇佑的象徵意涵，兩相結合，取名為「鯤鯓王平安鹽祭」，透過祈福法會的加持，使得這些通過儀式的鹽產生了另一層意義，對一般信眾來說，具有驅邪解厄保平安的象徵意味。

「鯤鯓王平安鹽祭」活動的舉辦主要以行銷地方，促進該地的觀光人潮為主要目的，因此活動的節目安排都以能夠結合當地特色為主，而鯤鯓王信仰、平安鹽祈福，以及與信仰相關的各式民俗活動即成為該活動節目企劃時的安排主軸。以民國九十七年和九十八年的鯤鯓王平安鹽祭活動時程表為例（附錄五、六），可以發現，雖然活動內容有些微變異，但「平安鹽祈福儀式」、「平安鹽袋發送」、「文化采風民俗活動表演」、「雲嘉南美食展」等主打地方文化特色的活動主軸為每年固定不變的單元。其中民國九十七年開始舉辦「第一屆鯤鯓王盃全國龍獅藝陣錦標賽，民國九十八年擴大陣容為兩岸龍獅藝陣嘉年華，藉由比賽活動的舉辦來吸引國外旅客，由全國到兩岸，可以發現該活動希冀從地方型的節慶活動轉型為國際型節慶活動的企圖。該活動結合「鯤鯓王」帶有保平安與「鹽」帶有驅邪作用的象徵意義，透過祈福法會的加持，推出「平安鹽福袋」領取活動來吸引旅客，此外，在活動節目企劃方面，又

〔註49〕雲嘉南濱海國家風景區旅遊文宣，2008年製。

安排許多民俗活動,例如「龍獅藝陣嘉年華」、「民俗藝陣及神偶踩街表演」等,這些活動透過公開場合的表演,使得這些傳統技藝/記憶得以被重新溫習,而鯤鯓王平安鹽祭的舉辦則為這些民俗活動提供了一個展演的空間,使得這些傳統文化得以被持續維持與保存,因此該活動的舉辦也可視為是一種保存傳統文化的策略。此外,該活動透過媒體的反覆播送,不僅為該活動帶來人潮,也間接提高了廟宇的曝光率,因此,也可以說該活動的舉辦提供廟宇一個自我展示與行銷的場域。

「鯤鯓王」此一符碼,原本所連結的意義系統是神聖的、嚴肅的、屬於信仰活動的,然而透過與節慶活動的結合,使其符碼的編製過程產生了新意涵。在老一輩的認知裡,「鯤鯓王」三個字所代表的可能是一種神聖的象徵,但對於新生代而言,此三個字所連結的意義可能是娛樂的、節慶的,與熱鬧出遊的記憶,不同的生命體驗,使得符號意義的編製過程產生了新意涵與象徵,而「鯤鯓王」此一符碼在節慶活動的重新演繹下,也因此有了新的詮釋空間。

「鯤鯓王平安鹽祭」此一活動透過新聞和媒體的不斷播送,將此訊息傳至各縣市的閱聽人,使其成為跨區域性的大型活動。對南鯤鯓代天府而言,藉由參與「鯤鯓王平安鹽祭」的舉辦,得以提高自身的曝光率,亦為廟宇帶來文化轉型的機會;對參與者而言,在這個活動場域裡,建構起自身對於廟宇的新記憶與新體驗;對地方而言,活動的舉辦無異也為地方引進大量人潮,而在人潮往往也帶來錢潮的思維模式下,亦可同時帶動周邊產業及觀光的發展。

藉由節慶活動年復一年的重複舉辦,人群的共同記憶得以被創造與累積,透過不斷積累的記憶、經驗與情感,進一步建立起對土地的認同感。在此活動空間中,南鯤鯓代天府被重新嵌入有別以往的新意義,除了具有信仰祭祀的功能外,透過節慶活動的重新演繹,亦衍生了更多的文化意涵。

小　結

本章主要討論南鯤鯓代天府與消費和觀光的關係。在第一節中討論了信仰與消費的關係。首先,先就廟方所提供的宗教服務作一說明,並討論這些信仰儀式的意涵與作用及其對廟裡的影響。接著,討論信仰符碼通俗化與消

費的關係。在民間信仰體系中，信仰儀式的操作是很重要的一部分，透過儀式的操演，使得一般信眾在面對不確定性較高的事件時，得以藉此降低內心的焦慮與恐懼。而廟方透過這些宗教服務的提供，也可間接為廟裡帶來人氣與香油錢，一方面得以提高廟方的知名度，一方面也使廟務得以順利推展。在這些信仰儀式的運作機制中，可以看到信徒對於儀式的認同，寺廟透過各種信仰儀式活動的舉辦，提供了各式宗教服務讓信徒選擇並參與，通過這些儀式，信眾不但可從中獲得親身接觸的參與感，亦可建立起信眾與寺廟互動的基礎。此外，廟方透過信仰符碼再生產的方式，使得信仰符碼得以成為另一種宮廟的文化產業，廟方不僅可以藉由商品的推廣行銷廟宇，亦可為廟方增關另一經濟來源。

在第二節部分，討論南鯤鯓代天府與節慶活動的關係，首先，先討論宗教與觀光的關係，接著進一步討論廟方為了推廣觀光所進行的各項建設，以及目前所擁有的觀光資源，最後，則討論「鯤鯓王平安鹽祭」的舉辦，對南鯤鯓代天府的發展帶來什麼影響及附加價值。在人潮帶來錢潮的觀念引導下，觀光化一直是戰後各傳統廟宇的發展目標，南鯤鯓代天府也不例外，近幾十年來，廟方為了發展觀光，積極地擴建廟地並增建各項硬體設備，棟梛山莊與大鯤園文化園區的落成即為廟方發展觀光的具體成果。近幾年，又與雲嘉南濱海國家風景區和各縣市政府合作，利用「鯤鯓王平安鹽祭」活動的舉辦，進一步達到行銷廟宇的目的。

第五章　結　論

　　寺廟除了與村落的開發具有相輔相成的關係之外，在早期社會裡，亦兼附有娛樂、教育、通商和禦敵等多重功能，然而，隨著時序的推移與社會的變遷，傳統寺廟並沒有因此而消頹或不受重視，相反地，近幾年透過與各式藝文的結合，所構成的嘉年華會式的節慶活動反成為地方吸引外客的重要「景觀」。

　　本文以南鯤鯓代天府為研究對象，針對其廟宇的建置、人事組織與管理型態、分香分靈廟宇、信徒組織、祭典儀式，以及近年來與雲嘉南濱海國家風景區所合作辦理的「鯤鯓王平安鹽祭」等諸面項進行討論，希冀藉此勾勒出戰後南鯤鯓代天府的發展輪廓。

　　首先，在南鯤鯓代天府人事組織與管理型態方面，本研究發現，戰後南鯤鯓代天府在廟務的推展與經營管理上，大致可分為三個時期，分別是：（一）早期的保守經營與管理、（二）中期的文化觀光發展策略、（三）近期的多元發展策略。在早期的經營管理中，南鯤鯓代天府的對外發展，多集中於公益活動與地方事務的參與，而對內則積極從事廟宇建築的改善。七○年代之後，隨著社會經濟結構的改變，與生活條件的改善，一般民眾在工作之餘亦開始強調休閒旅遊的重要，基於此，廟方也開始朝觀光的面向發展，著手進行各項硬體設備的建設，以期打造適合觀光旅遊的環境，而檳榔山莊的完成與大鯤園的規劃都屬於此時期的具體成果。民國九十二年，現任總幹事侯賢遜總上任後，廟務的發展則又進入另一個階段，除了一律採取電腦化作業之外，並開始積極利用各種方式行銷廟宇，增加廟宇的曝光率。首先，民國九十三年開始與雲嘉南濱海國家風景區合作，舉辦「鯤鯓王平安鹽祭」的活動，透

過活動的包裝作爲另一種行銷廟宇的方式，不僅爲廟方吸引大量人潮，亦成功達到了觀光發展的目；此外，亦於鯤鯓王出巡澎湖時，趁勢成立商品部，以更多元的方式來推銷五王信仰外，。

其次，祭典儀式方面，本研究整理出戰後南鯤鯓代天府所舉行的祭典儀式可分爲不定期祭典、年例祭典和其它信仰儀式三種類型。不定期祭典部分又可分爲出巡和建醮兩種，「代天巡狩」可說是王爺信仰體系中最重要的表徵，因此出巡儀式可視爲王爺信仰的具體實踐，戰後的出巡活動有二，分別有民國七十二年的癸亥年池府千歲南巡高雄市和民國九十七年的鯤鯓王出巡澎湖，透過此迎王儀式與巡程建構的王爺意象，不但具有一定的宣傳和示範效果，更讓五王信仰得以往外拓展，香火亦更爲鼎盛，出巡儀式的舉辦，亦有助於促成廟宇與地區之間的交流。而建醮儀式則有民國五十七年的戊申年三百年醮，本研究認爲，此醮典儀式的舉行，除了帶有宗教上祈安求福、國泰民安的象徵意味，亦具有以下三點文化意涵：（一）事業有成的旅外鄉人得以藉此回饋鄉里；（二）與其他廟宇建立友好關係，並共享資源；（三）信徒集體記憶之建構。

在年例性祭典活動方面，包含有慶祝神明誕辰的進香活動、中元普渡、萬善爺誕辰時所舉辦的乞龜法會、插頭爐香、神佛開爐、過平安橋、平安鹽祭祈福法會等七種；而在其他信仰儀式中，則有神佛奉迎和給神明作契子兩類。其中，年例性質的祭典儀式中，例如「神佛開爐」、「乞龜槓炮台」和「過平安橋」等活動的舉辦，不僅可以爲廟方帶進人潮達到自我行銷與宣傳的效果，透過添香油錢的方式向信眾酌收參加費用，亦可同時爲廟方帶進爲數可觀之香油錢，對於廟內各種大型建設所需之經費，不無助益。

「儀式」是生存空間的主要象徵符號，是主體的文化記憶與傳承活動，經由儀式的長期複寫，累積了生存的經驗形成了意義體系，且經由不斷重複的行爲傳達了集體性的共識與社會性的記憶，〔註1〕並因此有了相互所屬的認同與歸屬。這些信仰儀式，年復一年的在南鯤鯓代天府此信仰空間中不斷被重新操演，對參加儀式的信眾們而言，不僅可以累積成個人獨特的生命體驗與意義，更會內化成自我信仰的一部份，進而將此生命體驗（或記憶）傳遞至下一代；此外，透過眾多信徒共同參與的模式，亦使得此儀式活動構築了

〔註1〕 鄭志明〈傳統信仰的宇宙圖式與神聖空間〉，收錄於《台灣傳統信仰的宗教詮釋》（台北：大元書局，2005）頁123。

常民文化中的集體記憶。

　　第三，在分香、分靈廟宇的分佈方面，本論文分成台灣本島、澎湖和泰國三個部份進行討論。在台灣部份的戰後分靈廟宇，本論文主要是以台北的分靈廟作為調查對象，其廟宇的創始者很多是為了工作的關係自原鄉遷出，為了免除南北奔波之苦而決定成立分靈廟宇，此類分靈廟宇往往與台灣社會結構的變異有關；澎湖部份的分靈廟宇有很多是因為五王出巡至該地發生靈驗事蹟而成立；泰國曼谷分靈廟宇「暹羅代天宮」的分靈動機，乃基於個人之靈驗經驗所致。另外，在廟宇整和方面，「台北五王聯誼會」是南鯤鯓代天府至目前為止唯一較有系統的信徒組織，有助於五府千歲信仰在北台灣的傳播；此外，廟方有意整和各廟宇的力量，組成一跨廟宇的「鯤鯓王聯誼會」組織，做為連絡與交誼之用，目前正積極籌備中，此聯誼會的成立有助於全台五王信仰的組織化，亦有助於各廟宇間的相互交流與資源整合。

　　第四、本文在第三章第三節的部份，討論了信徒組織在出巡儀式中的角色扮演。透過戰後兩次出巡活動的討論發現，南鯤鯓代天府因為本身沒有所謂的進香團對，出巡儀式的舉辦又久久才一次，因此並沒有成立專門為廟宇服務的陣頭或信徒組織，也因此，其分香、分靈廟宇於出巡活動中所佔的份量就相對更形重要。這些出巡隊伍中的信徒組織，有的來自於分香、分靈廟宇的組成，有的來自於南鯤鯓代天府透過巧立名目之方式所組成。而信徒組織的存在除了可以支撐出巡活動之順利完成之外，亦可減輕主事廟宇的人力、物力與財力之負擔，更具有壯大聲勢之效用，而信徒組織彼此間亦可透過出巡活動之中介，進而達到相互交流之作用。

　　第五、在第四章第一節的部份則討論到信仰與消費的關係。在社會激烈的競爭下，使得非營利組織面臨了困難的挑戰，為了取得充足的資源，越來越多的非營利組織導入商業化的概念，利用企業化的經營模式來取得足夠的資金以達到組織目的。非營利組織企業化的過程中，利用行銷的方式來吸引消費者目光、促進購買，是非常重要的一環。同樣可視為非營利組織的傳統廟宇，為了在現代生活中得以生存，同樣不得不以各種類商業行為的方式來為廟方引進大量香油錢。南鯤鯓代天府在類商業行為的宗教儀式方面，目前提供有安太歲、點光明燈、過平安橋、卜開爐、和過平安橋等宗教服務。廟宇一方面為了應付信眾的需求，一方面為了使廟務能夠正常營運，推出許多類商業行為的宗教儀式，隨著信眾間的口耳相傳與媒體的爭相報導，廟宇間

進而出現一股相互仿傚的風氣。而這些信仰儀式活動的舉辦，每年可爲廟方帶進爲數可觀的香油錢，對於廟務的推動，確實亦帶來很大的助益。此外，廟方亦於民國九十七年成立商品部，販賣多款形式之商品，企圖以更多元的形式表現傳統信仰。此種將信仰符碼商品化的方式，不僅可以藉由商品的推廣行銷廟宇，亦可爲廟方增闢另一經濟來源。

最後，本文以「鯤鯓王平安鹽祭」爲考察對象，討論南鯤鯓代天府與宗教觀光的關係。藉由節慶活動年復一年的重複舉辦，人群的共同記憶得以被創造與累積，透過不斷積累的記憶、經驗與情感，進一步建立起對土地的認同感。在此活動空間中，南鯤鯓代天府被重新嵌入有別以往的新意義，除了具有信仰祭祀的功能外，透過節慶活動的重新演繹，亦衍生了更多的文化意涵，本研究認爲該活動的舉辦不但具有保存傳統文化的功能，亦爲廟宇提供了一個自我展示與行銷的場域。

南鯤鯓代天府的後續研究與建議：

（一）分靈廟宇的外地發展

南鯤鯓代天府的分香分靈廟宇遍佈海內外，有些分香、分靈廟宇成立的時間很早，有些則是戰後幾年才正式成立。以「台北五王聯誼會」爲例，此團體主要是集結台北縣所有主祀五府千歲廟宇的一個信仰組織，其所屬會員廟成立時間幾乎都不算長，每年除了會於固定時間組團回母廟南鯤鯓代天府進香外，在北台灣也會定期舉行遶境祈福儀式，此信仰組織在北台灣的發展與運作情形如何？與當地信眾的互動關係爲何？這些都有待長期的追蹤觀察。此外，作爲南鯤鯓代天府第一座海外分靈廟的暹羅代天宮，南鯤鯓五王信仰透過該分靈廟宇的中介，在泰國如何被傳播與接受？這些也都是值得持續關注的議題。

（二）「鯤鯓王聯誼會」的發展情形

目前廟方有意整和各廟宇的力量，組成一跨廟宇的「鯤鯓王聯誼會」組織，做爲聯絡與交誼之用，而該組織未來的發展情形亦值得關注。

（三）遊客對於南鯤鯓代天府觀光資源的滿意度

南鯤鯓代天府近幾十年來，持續增建廟內的觀光設備，希望賦予南鯤鯓代天府宗教信仰以外的其他功能，近幾年又與雲嘉南濱海國家風景區合作舉辦「鯤鯓王平安鹽祭」，希望藉此活動來爲廟方吸引更多的人潮。對於南鯤鯓

代天府近幾十年來的觀光化發展，遊客的滿意度如何？就宗教觀光發展的角度而言，這也是值得深究的議題。

參考書目

一、專書

1. John Urry 著，國立編譯館主譯，葉浩譯《觀光客的凝視》，台北：書林，2007。

2. Johnny Allen, William O'Toole, Ian McDonnell, Robert Harrisc 合著，陳希林林、閻蕙群譯，《節慶與活動管理》，台北：五觀藝術管理，2004。

3. Robert Bocock 著，張君玫、黃鵬仁譯，《消費》，台北：巨流，1996。

4. Mike Crang 著，王志弘等譯，《文化地理學》，台北：巨流，2003。

5. 文崇一、許嘉明、瞿海源、黃順二，《西河的社會變遷》，台北：南港，1975。

6. 方淑美，《南瀛地形誌》，台南：南縣文化局，2000。

7. 台灣省文獻委員會編印，《耆老口述歷史（廿四）台南縣鄉土史料》，南投：省文獻會，2000。

8. 台灣總督府，《台灣宗教調查報告書（第一卷）》，台北：聯經，1993。

9. 全國寺廟整編委員會編輯，《全國佛刹道觀總覽——王爺專輯》三冊，全國寺廟整編委員會編輯，1987。

10. 吳永梱編，《南鯤鯓代天府戊申建醮紀念特刊》，台南：南鯤鯓代天府管理委員會出版，1971。

11. ——，《鯤瀛文獻》第一期，北門：台南縣鯤瀛詩社，2001。

12. ——，《鯤瀛文獻》第七期，北門：台南縣鯤瀛詩社，2007。

13. ——，《鯤瀛文獻》第二期，北門：台南縣鯤瀛詩社，2002。

14. ——，《鯤瀛文獻》第三期，北門：台南縣鯤瀛詩社，2003。

15. ——，《鯤瀛文獻》第五期，北門：台南縣鯤瀛詩社，2005。

16. ──，《鯤瀛文獻》第六期，北門：台南縣鯤瀛詩社，2006。

17. ──，《鯤瀛文獻》第四期，北門：台南縣鯤瀛詩社，2004。

18. 呂理政，《傳統信仰與現代社會》，台北：稻鄉，1992。

19. 宋光宇，《宋光宇宗教文化論文集》，宜蘭：佛光人文社會學院，2002。

20. ──，《宗教與社會》，台北：東大，1995。

21. 宋龍飛，《民俗藝術探源》，台北：藝術家出版，1982。

22. 李亦園，《信仰與文化》，台北：巨流，1985。

23. ──，《中國人的性格》，台北：桂冠，1992。

24. ──，《宗教與神話論集》，台北：立緒，1998。

25. 李乾朗，《台灣的寺廟》，台中：台灣省政府新聞處，1986。

26. 李貽鴻，《觀光學導論》，台北：五南，1998。

27. 李銘輝，《觀光地理》，台北：揚智，1998。

28. 李豐楙、朱榮貴編，《儀式、廟會與社區》，台北：中央研究院文哲研究所籌備處，1996。

29. 卓克華，《從寺廟發現歷史──台灣寺廟文獻之解讀與意涵》，台北：揚智文化，2003。

30. 周宗賢，《台灣的民間組織》，台北：幼獅文化，1983。

31. 林美容，《台灣人的社會與信仰》，台北：自立晚報，1993。

32. ──，《信仰、儀式與社會》，台北：中央研究院民族學研究所，2003。

33. 林秋雄，《南瀛農會誌》，台南：台南縣政府，2007。

34. 林勝俊，《台灣寺廟的職權與功能之研究》，台北：文史哲，1988。

35. 林衡道，《鯤島探源──台灣各鄉鎮區的歷史與民俗》，台北：稻田，1996。

36. 涂順從，《南瀛古廟誌》台南：南縣文化，1994。

37. 南鯤鯓代天府管理委員會，《南鯤鯓代天府五府千歲、觀音佛祖、萬善爺神蹟介紹講習會講義》，北門：南鯤鯓代天府管理委員會，2005。

38. ──，《泰國暹羅代天宮甲申建醮志》，泰國：泰國暹羅代天宮管理委員會，2006。

39. ──，《泰國暹羅代天宮晉殿安座儀典專輯》，泰國：泰國暹羅代天宮管理委員會，1994。

40. 洪高舌，《洪高舌奮勉五十年》，台南：台南縣鯤瀛詩社、台南縣國學會，2001。

41. 相良吉哉編，《台南州祠廟名鑑》，台北：古亭書屋發行，2002。

42. 孫武彥，《文化觀光》，台北：九章，1994。

43. 高宣揚，《布爾迪厄》，台北：生智，2002。

44. 張珣、江燦騰合編，《當代台灣本土宗教研究導論》，台北：南天，2001。

45. 許南英，《窺園留草》，南投：台灣省文獻委員會，1993。

46. 陳丁林，《南瀛藝陣誌》，新營：南縣文化，1997。

47. 陳思倫、宋秉明、林連聰編著，《觀光學概論》，台北：國立空中大學，1996。

48. 陳柏州、簡如邠，《台灣的地方新節慶》，台北：遠足，2004。

49. 陳麟書等編，《宗教學原理》，北京：宗教文化出版社，2004。

50. 游瑛妙，《節慶活動的吸引力與參觀者對活動品質的滿意度分析——以第十一屆中華民藝華會為例》，台中：台灣省政府交通處旅遊局，1999。

51. 黃文博，《王船祭》，新竹：庶民文化，1996。

52. ——，《台灣民間信仰與儀式》，台北：常民文化，1997。

53. ——，《台灣民間藝陣》，台北：常民文化，2000。

54. ——，《台灣信仰傳奇》，台北：台原，1989。

55. ——，《台灣風土傳奇》，台北：台原，1989。

56. ——，《南瀛刈香誌》，新營：南縣文化局，1994。

57. ——，《南瀛王船誌》，新營：南縣文化局，2000。

58. ——，《南瀛民俗誌》，新營：台南縣立文化中心，1996。

59. ——，《南瀛地名誌・北門區卷》，新營：台南縣立文化中心，1998。

60. ——，《南瀛歷史與風土》，台北：常民文化，1995。

61. ——，《南鯤鯓》，南鯤鯓代天府管理委員會印行，1992。

62. ——，《站在台灣廟會現場》，台北：常民文化，1998。

63. ——，《尋找北門嶼》，台北：常民文化，1996。

64. ——，《當鑼鼓響起——台灣藝陣傳奇》，台北：台原，1991。

65. ——，《趣談民俗事——台灣民俗趣談》，台北：台原，1998。

66. ——，《跟著香陣走——台灣藝陣傳奇續卷》，台北：台原，1991。

67. ——，《消遣神與人——台灣民俗消遣》，台北：常民文化，1993。

68. ——，《瘟神傳奇——曾文溪流域王船祭巡禮》，台南：台南縣立文化中心，1992。

69. ——，《檳榔山傳奇——南鯤鯓文化祭》，台南：南鯤鯓代天府管理委員會出版，1993。

70. 黃文博、涂順從合撰，《南鯤鯓代天府》，台南：南縣文化，1995。

71. 黃文博等，《南瀛探索——台南地區發展史》，新營：南縣政府，2004。

72. 黃文博等文字撰述，《南瀛國際民俗藝術節活動成果專輯》，台南：縣政府，2006。

73. ──，《南瀛國際民俗藝術節活動成果專輯》，台南：縣政府，2007。

74. ──，《南瀛藝陣傳奇──八十三年度全國文藝季台南縣活動成果專輯》，台南：南縣文化，1994。

75. 黃維憲，《變遷中台省寺廟的社會福利服務》，台北：五南，1990。

76. 黃慶生，《寺廟經營與管理》，台北：永然文化，2000。

77. 黃應貴，《空間、權力與社會》中研院民族所發行，1995。

78. ──，《時間、歷史與記憶》中研院民族所發行，1999。

79. ──，《人觀、意義與社會》中研院民族所發行，1993。

80. 葉啓政，《社會、文化和知識分子》，台北：東大，1984。

81. 詹火生，《社區中宗教資源運用之研究》，台北：中華民國社區發展研究訓，1994。

82. 漢學研究中心編，《寺廟與民間文化研討會論文集·上冊》，台北：文建會，1995。

83. 劉枝萬，《台灣民間信仰論集》，台北：聯經，1995。

84. 增田福太郎著、黃有興譯，《台灣宗教論集》，南投：省文獻會，2001。

85. 增田福太郎著、黃有興譯，江燦騰編，《台灣宗教信仰》，台北：東大，2005。

86. 蔡相煇，《台灣的祠祀與宗教》，台北：台原，1989。

87. 鄭志明，《台灣民間的宗教現象》，中和：大道文化，1996。

88. ──，《台灣全志·卷九·社會志·宗教與社會篇》，南投：台灣文獻館，2006。

89. ──，《台灣傳統信仰的鬼神崇拜》，台北：大元書局，2005。

90. ──，《台灣傳統信仰的宗教詮釋》，台北：大元書局，2005。

91. 盧雲亭，《現代旅遊地理學》，台北：地景，1999。

92. 霍布斯邦等著，陳思仁等譯，《被發明的傳統》，台北：貓頭鷹，2002。

93. 謝宗榮，《台灣的王爺廟》，台北：遠足文化，2006。

94. ──，《台灣的廟會文化與信仰變遷》，台北：博揚文化，2006。

95. ──，《台灣傳統宗教文化》，台中：晨星，2003。

96. 瞿海源，《台灣宗教變遷的社會政治分析》，台北：桂冠，1997。

二、期刊及專書論文

1. 三尾裕子，〈台灣王爺信仰的發展──台灣與大陸歷史實況的比較〉，收

錄於徐正光、林美容編《人類學在台灣的發展——經驗研究篇》，台北：中央研究院民族學研究所，1999，頁 31～68。

2. ——，〈從地方性廟宇到全台性廟宇——馬鳴山鎮安宮的發展及其祭祀圈〉，收錄於林美容編《信仰、儀式與社會》，台北：中央研究院民族學研究所，2003，頁 229～296。

3. 王見川，〈日據時期的彰化南瑤宮與台南天后宮——兼談藝閣廣告化問題〉，《台灣宗教學會通訊》第 5 期。

4. ——，〈台灣民間信仰的研究與調查——以史料、研究者為考察中心〉，收錄於張珣、江燦騰合編的《當代台灣本土宗教研究導論》，台北：南天，2001，頁 82～125。

5. ——，〈光復前（1945）的南鯤鯓王爺廟初探〉，《北台通識學報》第 2 期，2006 年 3 月，頁 94～105。

6. 王明珂，〈集體記憶與族群認同〉，《當代》第 91 期，1993，頁 6～19。

7. 王順民，〈有關社會福利資源開拓與整合的若干想法——以宗教類組織為例〉，《社區發展季刊》第 89 期，2000，頁 78～92。

8. ——，〈宗教與社區工作的對話——舊思維與新願景〉，《社區發展季刊》第 87 期，1999，頁 184～194。

9. 王嵩山，〈從進香活動看民間信仰與儀式〉，《民俗曲藝》第 25 期。

10. 余光弘，〈台灣地區民間宗教的發展——寺廟調查資料分析〉，收錄於瞿海源著《台灣宗教變遷的社會政治分析》附錄，台北：桂冠，1997，頁 579～629。

11. 余宜芳，〈傳統寺廟人文轉型〉，《遠見雜誌》第 94 期，1994 年 4 月。

12. 辛晚教，〈地方文化產業與國際休閒化〉，收於《文化生活圈與文化產業》，台北：詹氏書局，2005。

13. 吳永猛，〈民間宗教資源運用之探討〉，收錄於《宗教論述專輯第四輯——宗教教育及宗教資源分配運用》，內政部發行，2002，頁 71～318。

14. 吳登神，〈南鯤鯓代天府文化藝術〉，「南鯤鯓五王信仰與鹽分地帶文化資產研討會」會議論文，2008。

15. 吳騰達，〈南鯤鯓五王廟信仰圈的陣頭文化〉，「南鯤鯓五王信仰與鹽分地帶文化資產研討會」會議論文，2008。

16. 呂大吉，〈宗教是一種社會文化形式〉，《宗教哲學》第 35 期，2006 年 2 月，頁 151～162。

17. 呂理政，〈宗教信仰與社會生活——談台灣民間信仰的幾個面向〉，《民俗曲藝》第 69 期，1991，頁 5～22。

18. 宋光宇，〈當前台灣民間信仰的發展趨勢〉《漢學研究》（第 2 卷第 1 期，1984）頁 199～234。

19. 李其西，〈大甲鎮瀾宮民俗活動——建醮探討〉，《進修推廣部學士學位進修班獨立研究專輯》第 3 期。

20. 李豐楙，〈台南王醮的道教傳統與地方社會〉，《民俗與文化・台灣醮典專刊》第三期，大甲：淡然民俗文化研究會，2006。

21. ——，〈兩個世界的形成——台江內海舊區內迎王的社會生活〉，「第二屆南瀛研究國際學術研討會」會議論文，2008。

22. 卓克華，〈台灣寺廟對地方的貢獻〉，《台北文獻》第 38 期，1976 年 12 月 15 日，頁 187～197。

23. 林伯奇，〈台灣地區迎王慶典初探〉，《民俗與文化・台灣醮典專刊》第三期，大甲：淡然民俗文化研究會，2006。

24. 林美容，〈由地理與年籤來看台灣漢人村庄的命運共同體〉，《台灣風物》第 38 卷第 4 期，1988 年 12 月，頁 123～143。

25. ——，〈高雄縣王爺廟分析——兼論王爺信仰的姓氏說〉，《民族學研究所集刊》第 88 期，1999，頁 107～131。

26. ——，〈從祭祀圈到信仰圈〉，收錄於《台灣史論文精選（上）》，台北：玉山社，1996，頁 289～320。

27. 林惠玲，〈王爺溯源〉，《台北文獻》57～58 期合刊本，1982，頁 417～450。

28. 林智莉，〈歌仔戲的沒落與重生——以南鯤鯓祭典演戲為考察〉，「南鯤鯓五王信仰與鹽分地帶文化資產研討會」會議論文，2008。

29. 林瑋嬪，〈台灣廟宇的發展——從一個地方庄廟的神明信仰、企業化經營以及國家文化政策的影響談起〉，《國立台灣大學考古人類學刊》第 62 期，2004 年 6 月，頁 56～92。

30. 洪瑩發，〈南鯤鯓代天府相關傳說研究——以廟方資料為中心的初探〉，《花蓮教育大學民間文學研究集刊》第 2 期，2007 年 11 月，頁 25～46。

31. 洪瑩發、吳嘉瑜，〈大甲媽祖在地信徒組織的組成與發展〉，《民俗與文化・台中縣大甲媽祖文化節專刊》第一期，大甲：大甲鎮公所，2005。

32. 康豹，〈台灣王爺信仰研究的回顧與展望〉，收錄於張珣、江燦騰合編的《台灣本土宗教研究的新視野和新思維》，台北：南天，2003，頁 144～174。

33. 張金鶚，〈台灣廟宇建築與人民生活信仰〉，《台灣文獻》第 29 卷第 3 期，1978，頁 165～186。

34. 張珣，〈分香與進香——媽祖信仰與人群的整合〉，《思與言》第 33 卷第 4 期。

35. ——，〈台灣不同宗教的信徒與組織之比較研究〉，《台大社會學刊》第 17 期。

36. ——，〈台灣民信仰的組織——以大甲鎮瀾宮進香組織為例〉，《中央研究

院台灣史田野研究通訊》第 8 期，1993。

37. ——，〈台灣媽祖研究新思維——「文化媽祖」研究的新取向〉，收錄於張珣、江燦騰合編的《台灣本土宗教研究的新視野和新思維》，台北：南天，2003，頁 110～142。

38. ——，〈打破圈圈——從「祭祀圈」到「後祭祀圈」〉，收錄於張珣、江燦騰合編的《台灣本土宗教研究的新視野和新思維》，台北：南天，2003，頁 63～107。

39. ——，〈光復後台灣人類學漢人宗教研究之回顧〉，《中央研究院民族學研究所集刊》第 81 期，1996，頁 163～215。

40. ——，〈香客的時間經驗與超越——以大甲媽祖進香爲例〉，收錄於黃應貴所編的《時間、歷史與記憶》，台北：中央研究院民族學研究所，1999，頁 75～126。

41. ——，〈進香、割香與朝聖宗教意涵之分析〉，《人類與文化》第 22 期，1986。

42. ——，〈儀式與社會——大甲媽祖祭祀圈之擴大與變遷〉，收錄於林美容編的《信仰、儀式與社會》，台北：中研院民族所，2003。

43. 張培耕，〈宗教活動社區發展的影響〉，《社區發展季刊》第 47 期，1989，頁 38～41。

44. 梅慧玉，〈「交陪境」與禮數——以台南市安平區的兩次建醮爲例〉，收錄於《台灣與福建社會文化研究論文集（三）》，中央研究院，1996。

45. 盛業信，〈南鯤鯓代天府與鹽分地帶宗教觀光文化初探〉，「南鯤鯓五王信仰與鹽分地帶文化資產研討會」會議論文，2008。

46. ——，〈從台灣王爺信仰的演變與發展，試談台灣民間宗教關懷與現代生活之關係——以南鯤鯓代天府爲例〉，《宗教哲學》第 35 期，2006 年 2 月，頁 116～130。

47. 莊吉發，〈世治聽人，世亂聽神——清代台灣民變與民間信仰〉，《台灣文獻》第 52 卷第 2 期，2001，頁 221～234。

48. 許淑娟，〈由村廟看同庄意識——以臺南市安南區爲例〉，《環境與世界》第 5 期，2001 年 11 月，頁 71～93。

49. 許嘉明，〈祭祀圈之於居台漢人社會的獨特性〉，《中華文化復興月刊》第 11 卷第 6 期，1978，頁 59～68。

50. 郭水潭，〈北門郡的地理歷史景觀〉，收錄於《民俗台灣・第七輯》，台北：武陵，1998，頁 101～109。

51. 郭宜瑄，〈宗教是門好生意，媽祖出巡財神報到〉，《新新聞》第 582 期。

52. 陳杏枝，〈台灣宗教社會學研究之回顧〉，收錄於張珣、江燦騰合編的《當代台灣本土宗教研究導論》，台北：南天，2001，頁 458～501。

53. 陳敏璟，〈日據時期北門郡概況〉，《南瀛文獻》第 41 卷，1996，頁 145
～198。

54. 陳維新，〈信仰、懼怕與權力——以大甲進香爲例〉，《民俗曲藝》第 53
期。

55. ——，〈進香之界定——由象徵人類學的角度〉，《人類與文化》第 25 期。

56. 曾子良，〈鹽分地帶的社福活動——以南鯤鯓五王廟爲觀察對象〉，「南鯤
鯓五王信仰與鹽分地帶文化資產研討會」會議論文，2008。

57. 黃文博，〈1922 年南鯤鯓王爺出巡澎湖初探〉，「南鯤鯓五王信仰與鹽分
地帶文化資產研討會」會議論文，2008。

58. ——，〈台南縣西南沿海地區的廟會形態與特色〉，《南瀛文獻》，頁 132
～145。

59. ——，〈台灣的王爺信仰〉，收錄於《台灣廟宇文化大系・五府王爺卷》，
台北：自立晚報，1994，7～62。

60. 黃俊嘉，〈大甲媽祖遶境進香相關產業之商品鏈結構〉，《民俗與文化・台
中縣大甲媽祖文化節專刊》第一期，大甲：大甲鎮公所，2005。

61. 黃敦厚，〈民間醮典與商人的關係——以大甲鎮瀾宮戊辰年慶成祈安清醮
爲例〉，《民俗與文化・台灣醮典專刊》第三期，大甲：淡然民俗文化研
究會，2006。

62. 黃維憲，陳雅琪，〈台灣寺廟與現代社會福利活動〉，「南鯤鯓五王信仰與
鹽分地帶文化資產研討會」會議論文，2008。

63. 黃慶生，〈宗教財團法人組織與運作〉，收錄於《宗教論述專輯第七輯——
宗教組織與管理篇》，內政部發行，2005，頁 261～287

64. 溫振華，〈清代一個台灣鄉村宗教組織的演變〉，《史聯》第 1 卷第 1 期，
1980，頁 91～107。

65. 廖安惠，〈泰國暹羅代天宮——南鯤鯓代天府信仰的海外拓展與轉化〉，
「第二屆南瀛研究國際學術研討會」會議論文，2008。

66. 劉枝萬，〈台灣民間信仰之調查與研究〉，收錄於《台灣史與台灣史料
（二）》，台北：吳三連基金會，1995 年，頁 43～64。

67. 劉建仁，〈王爺公考釋〉，《台灣風物》第 18 卷第 1 期，1968，頁 74～78。

68. 鄭螢憶，〈台灣總督府與民間信仰——以日治時期北港朝天宮爲例〉，《台
灣風物》第 59 卷第 3 期，2009/9/30，頁 27～50。

69. 鄭志明，〈台灣民間宗教的文化意識〉，《歷史月刊》第 86 期，1995，。

70. ——，〈近五十年來台灣地區民間宗教之研究與前瞻〉，《台灣文獻》第
52 卷第 2 期，2001 年 6 月，頁 127～147。

71. 謝國興，〈南瀛地區廟會的遶境模式〉，「第二屆南瀛研究國際學術研討會」

會議論文，2008。

72. 謝瑞隆，〈聚落發展與其廟祀神明的信仰圈之變遷——以彰化縣媽祖信仰來探討〉，《彰化文獻》10 期，2007 年 12 月，頁 71～102。

三、學位論文

1. 江月英，〈北門蚵寮聚落「王爺」信仰之研究〉，台南：國立台南大學台灣文化研究所碩士論文，93 學年度。

2. 余幸娟〈宗教觀光客旅遊動機與其滿意度之研究——以台南南鯤鯓代天府爲例〉，台北：中國文化大學觀光事業研究所，88 學年度。

3. 吳怡彥〈從廟會活動來探討大廟與舊市街關係——以林口竹林山觀音寺爲例〉，台北：國立台北大學都市計劃研究所碩士論文，88 學年度。

4. 李綺文，〈從宗教信仰與地方產業看麻豆鎮的社區發展〉，台北：國立台灣師範大學地理研究所碩士論文，90 學年度。

5. 李艾珍，〈台灣民間「給神明作契子」的儀式——以雲林海豐堡和布嶼西堡爲例〉，台北：國立政治大學社會學系碩士論文，88 學年度。

6. 汪玉頻，〈民俗節慶活動運用整合行銷傳播之研究——以大甲媽祖文化節爲例〉，世新大學傳播研究所碩士論文，92 學年度。

7. 林怡青，〈高雄縣路竹鄉安太歲文化研究與鄉土教學上的應用〉，台南：台南大學鄉土文化研究所教學碩士班碩士論文，92 學年度。

8. 林佩欣，〈日治前期台灣總督府對舊慣宗教之調查與理解（1895～1919）〉，台北：國立政治大學歷史系碩士論文，91 學年度。

9. 邱瀅儒，〈鹽水武廟與社群互動形式之研究〉，雲林：雲林科技大學文化資產維護系碩士班碩士論文，91 學年度。

10. 洪瑩發，〈戰後大甲媽祖信仰的發展與轉變〉，台南：國立台南大學台灣文化研究所，93 學年度。

11. 莊芳榮，〈台灣地區寺廟發展之研究〉，台北：中國文化大學歷史研究所博士論文，75 學年度。

12. 許雅惠，〈在鄉村社區發展過程中傳統宗教的角色與功能〉，台北：國立台灣大學社會學研究所碩士論文，82 學年度。

13. 陳比晴〈民眾參與節慶活動需求之研究——以 2003 陽明山花季爲例〉，台北：台灣師範大學運動休閒與管理研究所碩士論文，91 學年度。

14. 陳威豪，〈宜蘭國際童玩藝術節之未來發展策略研究——以 5 年爲未來推估期程解析地方文化觀光活動〉，宜蘭：佛光人文社會學院未來學研究所碩士論文，2003。

15. 葉雅萍，〈台南縣鹽分地帶社會發展之研究（1683～1945）〉，嘉義：國立中正大學歷史研究所碩士論文，93 學年度。

16. 蔡相煇，〈台灣寺廟與地方發展之關係〉，台北：中國文化大學史學研究
    所碩士論文，65 學年度。

17. 蔡常斌，〈寺廟組織與平安燈文化的建構──制度與網絡的機制〉，台中：
    東海大學社會學系碩士論文，93 學年度。

四、其它

1. 雲嘉南濱海國家風景區旅遊文宣及鯤鯓王平安鹽祭活動文宣。

2. 南鯤鯓代天府所出版的各類印刷品，包含農民曆與各式文宣。

五、報紙資料

1. 《台灣日日新報》1922/11/6。

2. 《中華日報》2007/2/13。

3. 《自由時報》2001/01/29。

4. 《經濟日報》1991/09/26、1998/04/07。

5. 《聯合晚報》1991/02/25、1991/02/26、2003/10/01。

6. 《聯合報》1970/2/2、1971/2/1、1983/5/11、1984/01/30、1991/02/07、
    1991/02/24、1991/02/25、1991/02/26、1992/5/3、1994/03/16、1994/03/18、
    1994/03/20、1994/05/22、2000/07/07、2001/9/13、2003/2/25、2003/5/6。

六、網路資料

1. 地方行政研習 e 學中心公共論壇，
    http://oldforum.fegts.com.tw/posts/list/18105.page#117854
    （最後瀏覽日期：2009/11/06）。

2. 聯合知識庫 http://udndata.com/library/

3. 中時新聞資料庫 http://tol.chinatimes.com/CT_NS/ctsearch.aspx

4. 《台灣文獻叢刊》http://www.sinica.edu.tw/ftms-bin/ftmsw3

5. 《台灣文獻匯刊》http://www.sinica.edu.tw/ftms-bin/ftmsw3

附錄一　受訪人員名單及相關資料明細

姓　名	訪談時間	訪談地點	備　註
侯賢遜	2009/2/18	總幹事辦公室	南鯤鯓代天府總幹事
廟祝	2009/2/23	台北鎮北宮	台北板橋鎮北宮廟祝
吳易銘	2009/8/2 2009/11/19	公關組辦公室	南鯤鯓代天府公關組組長
洪高舌	2009/9/19 2009/11/19	營建組辦公室	南鯤鯓代天府營建組組長
李國殿	2009/9/	祭祀組辦公室	南鯤鯓代天府祭祀祖組長
陳思妤	2009/9/3 2009/11/25	公關組辦公室 電話訪問	南鯤鯓代天府公關組主任

附錄二　董（監）事會籌備委員會及 其主要幹部名單與背景資料

南鯤鯓代天府　　主事名冊〔註1〕		
		民國 37 年

職　稱	姓　名	背景資料
主事	吳乃占	學甲鎮人。曾任第一屆佳里庄長，台灣總督府亭議委員。吳玉瓚（吳新榮祖父）擔任漚汪區長時，吳乃占任其書記。
書記	陳慶苗	學甲鎮中洲地區人，爲當地經營共成貨運行之望族。
書記	蔡新愿	
書記	謝有利	
書記	王乃木	
書記	洪富	
書記	陳依林	
書記	林　塗	
書記	吳老色	
書記	王瑞芳	
書記	洪慶雲	
書記	黃德富	
書記	吳三薦	曾任縣議員、將軍鄉長（第4屆）。
書記	陳秀江	
書記	郭秋煌	
書記	郭江水	
書記	洪旺	

〔註 1〕此乃董事會成立以前的人事組織。

南鯤鯓代天府籌備委員會

民國 42 年 5 月 31 日

職　稱	姓　名	職　稱	姓　名
主任委員	陳華宗	籌備委員	黃石泉
籌備委員	林塗	籌備委員	陳慶苗
籌備委員	吳三薦	籌備委員	黃文魁
籌備委員	謝錫周	籌備委員	黃旺
籌備委員	洪清賢	籌備委員	吳老色
籌備委員	侯吉定		

南鯤鯓代天府第一屆董事會

民國 42 年 7 月 26 日

職　稱	姓　　名	背景資料
董事長	吳三薦	曾任縣議員、將軍鄉長（第 4 屆）。
副董事長	謝錫周	曾任縣議員、曾任學甲鎮農會總幹事（第 1~8 屆）。
董事	黃振源	
董事	蔡江	
董事	黃合	
董事	高連枝	
董事	黃文魁	曾任七股鄉農會常務監事（第 7 屆）。
董事	柯川貝	
董事	陳新如	
董事	黃石泉	
董事	黃德福	
董事	黃金龍	
董事	陳田	
董事	洪清賢	曾任台南縣議員（第 1~5 屆）。
董事	李其財	
常務監事	陳慶苗	學甲鎮中洲地區人，為當地經營共成貨運行之望族。
監事	魏銀爐	曾任台南縣農會常務監事（第 6、8 屆）。
監事	侯吉定	曾任北門鄉長（第 2、3、6 屆）、台南縣議員。
監事	王乃木	
監事	黃淵輝	

南鯤鯓代天府第二屆董事會

民國 46 年 2 月 16 日

職　稱	姓　名	背景資料
董事長	吳三薦	曾任縣議員、將軍鄉長（第 4 屆）。
副董事長	謝錫周	曾任縣議員、曾任學甲鎮農會總幹事（第 1~8 屆）。
董事	洪清賢	曾任台南縣議員（第 1~5 屆）。
董事	蔡紅	
董事	黃合	
董事	高連枝	
董事	黃文魁	曾任七股鄉農會常務監事（第 7 屆）。
董事	柯川貝	
董事	陳新如	
董事	黃石泉	
董事	黃德福	
董事	王乃木	
董事	陳田	
董事	陳火山	
董事	李其財	
常務監事	陳慶苗	學甲鎮中洲地區人，爲當地經營共成貨運行之望族。
監事	魏銀爐	曾任台南縣農會常務監事（第 6、8 屆）。
監事	侯吉定	曾任北門鄉長（第 2、3、6 屆）、台南縣議員。
監事	陳春秋	
監事	陳哮	

南鯤鯓代天府第三屆董事會

民國 49 年 4 月 6 日

職 稱	姓 名	背景資料
董事長	吳三薦	曾任縣議員、將軍鄉長（第 4 屆）。
副董事長	謝錫周	曾任縣議員、曾任學甲鎮農會總幹事（第 1~8 屆）。
董事	洪清賢	曾任台南縣議員（第 1~5 屆）。
董事	蔡紅	
董事	黃合	
董事	高連枝	
董事	黃文魁	曾任七股鄉農會常務監事（第 7 屆）。
董事	柯川貝	
董事	陳新如	
董事	黃石泉	
董事	黃德福	
董事	王乃木	
董事	陳田	
董事	陳火山	
董事	李其財	
常務監事	陳慶苗	學甲鎮中洲地區人，為當地經營共成貨運行之望族。
監事	魏銀爐	曾任台南縣農會常務監事（第 6、8 屆）。
監事	侯吉定	曾任北門鄉長（第 2、3、6 屆）、台南縣議員。
監事	陳春秋	
監事	陳哮	

南鯤鯓代天府第四屆董事會

民國 52 年 3 月 14 日

職　稱	姓　名	背景資料
董事長	吳三薦	曾任縣議員、將軍鄉長（第 4 屆）。
副董事長	謝錫周	曾任縣議員、曾任學甲鎮農會總幹事（第 1~8 屆）。
董事	洪清賢	曾任台南縣議員（第 1~5 屆）。
董事	蔡紅	
董事	黃合	
董事	高連枝	
董事	黃文魁	曾任七股鄉農會常務監事（第 7 屆）。
董事	柯川貝	
董事	陳新如	
董事	黃石泉	
董事	林錦利	曾任將軍鄉農會常務監事（第 3、4 屆）、理事長（第 5 屆）。
董事	王乃木	
董事	陳田	
董事	陳火山	
董事	李其財	
常務監事	陳慶苗	學甲鎮中洲地區人，爲當地經營共成貨運行之望族。
監事	魏銀爐	曾任台南縣農會常務監事（第 6、8 屆）。
監事	侯吉定	曾任北門鄉長（第 2、3、6 屆）、台南縣議員。
監事	陳春秋	
監事	陳哮	

南鯤鯓代天府第五屆董事會

民國 55 年 3 月 18 日

職　稱	姓　名	背景資料
董事長	謝錫周	曾任台南縣議員、曾任學甲鎮農會總幹事（1~8 屆）。
副董事長	洪清賢	曾任台南縣議員（第 1~5 屆）。
董事	高連枝	
董事	陳田	
董事	蔡紅	
董事	黃合	
董事	黃文魁	曾任七股鄉農會常務監事（第 7 屆）。
董事	柯川貝	
董事	陳新如	
董事	林錦利	曾任將軍鄉農會常務監事（第 3、4 屆）、理事長（第 5 屆）。
董事	陳深江	曾任將軍鄉農會常務監事（第 5 屆）。
董事	王乃木	
董事	吳龍卿	
董事	陳火山	
董事	李其財	
常務監事	陳慶苗	學甲鎮中洲地區人，為當地經營共成貨運行之望族。
監事	魏銀爐	曾任台南縣農會常務監事（第 6、8 屆）。
監事	侯吉定	曾任北門鄉長（第 2、3、6 屆）、台南縣議員。
監事	陳春秋	
監事	周牛	曾任西港鄉農會總幹事（第 2、3、4、5 屆）。

附錄三　管理委員會時期管委會主要幹部名單及其背景資料

職　稱	姓　名	背景資料
-南鯤鯓代天府第一屆管理委員會 民國58年4月		
主任委員	謝錫周	曾任縣議員、曾任學甲鎮農會總幹事（第1~8屆）。
副主任委員	黃文魁	曾任七股鄉農會常務監事（第7屆）。
常務委員	高連枝	
常務委員	洪清枋	曾任北門鄉農會總幹事（第6~11屆）。
常務委員	林錦利	曾任將軍鄉農會常務監事（第3、4屆）、理事長（第5屆）。
管理委員	陳慶祥	曾任學甲鎮農會理事長（第3、4屆）。
管理委員	吳龍卿	
管理委員	李其財	
管理委員	黃合	
管理委員	柯川貝	
管理委員	陳新如	
管理委員	陳火山	
管理委員	王乃木	
管理委員	黃圖	曾任西港鄉長（第4屆）
管理委員	陳深江	曾任將軍鄉農會常務監事（第5屆）。
常務監察委員	陳慶苗	學甲鎮中洲地區人，為當地經營共成貨運行之望族。
監察委員	魏銀爐	曾任台南縣農會常務監事（第6、8屆）。
監察委員	侯吉定	曾任北門鄉長（第2、3、6屆）、台南縣議員。
監察委員	陳春秋	
監察委員	周牛	曾任西港鄉農會總幹事（第2、3、4、5屆）。
總幹事	陳子仁	

南鯤鯓代天府第二屆管理委員會

民國 62 年 7 月 21 日

職　稱	姓　名	背景資料
主任委員	謝錫周	曾任縣議員、曾任學甲鎮農會總幹事（第 1~8 屆）。
副主任委員	黃文魁	曾任七股鄉農會常務監事（第 7 屆）。
常務委員	黃合	
常務委員	侯吉定	曾任北門鄉長（第 2、3、6 屆）、台南縣議員。
常務委員	林錦利	曾任將軍鄉農會常務監事（第 3、4 屆）、理事長（第 5 屆）。
管理委員	陳慶祥	曾任學甲鎮農會理事長（第 3、4 屆）。
管理委員	吳龍卿	
管理委員	李其財	
管理委員	高連枝	
管理委員	洪清枋	曾任北門鄉農會總幹事（第 6~11 屆）。
管理委員	陳新如	
管理委員	陳火山	
管理委員	邱鐯	
管理委員	黃圖	
管理委員	陳深江	曾任將軍鄉農會常務監事（第 5 屆）。
常務監察委員	陳慶苗	學甲鎮中洲地區人，為當地經營共成貨運行之望族。
監察委員	魏銀爐	曾任台南縣農會常務監事（第 6、8 屆）。
監察委員	柯川貝	
監察委員	陳春秋	
監察委員	周牛	曾任西港鄉農會總幹事（第 2、3、4、5 屆）。
總幹事	陳子仁	

南鯤鯓代天府第三屆管理委員會（一）

民國 66 年 6 月 18 日

職　稱	姓　名	背景資料
主任委員	謝錫周	曾任縣議員、曾任學甲鎮農會總幹事（第 1~8 屆）。
副主任委員	黃文魁	曾任七股鄉農會常務監事（第 7 屆）。
常務委員	高連枝	
常務委員	侯吉定	曾任北門鄉長（第 2、3、6 屆）、台南縣議員。
常務委員	林錦利	曾任將軍鄉農會常務監事（第 3、4 屆）、理事長（第 5 屆）。
管理委員	陳慶祥	曾任學甲鎮農會理事長（第 3、4 屆）。
管理委員	吳龍卿	
管理委員	陳慶苗	學甲鎮中洲地區人，為當地經營共成貨運行之望族。
管理委員	黃合	
管理委員	洪志	
管理委員	林榮海	曾任北門鄉農會理事長（第 7 屆）。
管理委員	楊和海	
管理委員	黃秋鐘	曾任台南縣議員（第 1 屆）。
管理委員	李錦連	
管理委員	陳深江	曾任將軍鄉農會常務監事（第 5 屆）。
常務監察委員	魏銀爐	曾任台南縣農會常務監事（第 6、8 屆）。
監察委員	李其財	
監察委員	柯川貝	
監察委員	陳春秋	
監察委員	周牛	曾任西港鄉農會總幹事（第 2、3、4、5 屆）。
總幹事	陳子仁	

南鯤鯓代天府第三屆管理委員會（二）

民國 66 年 11 月 21 日

職　稱	姓　名	背景資料
主任委員	黃文魁	曾任七股鄉農會常務監事（第 7 屆）。
副主任委員	侯吉定	曾任北門鄉長（第 2、3、6 屆）、台南縣議員。
常務委員	高連枝	
常務委員	陳慶苗	學甲鎮中洲地區人，為當地經營共成貨運行之望族。
常務委員	林錦利	曾任將軍鄉農會常務監事（第 3、4 屆）、理事長（第 5 屆）。
管理委員	陳慶祥	曾任學甲鎮農會理事長（第 3、4 屆）。
管理委員	吳龍卿	
管理委員	王金練	
管理委員	黃合	
管理委員	洪志	
管理委員	林榮海	曾任北門鄉農會理事長（第 7 屆）。
管理委員	楊和海	
管理委員	黃秋鐘	曾任台南縣議員（第 1 屆）。
管理委員	李錦連	
管理委員	陳深江	曾任將軍鄉農會常務監事（第 5 屆）。
常務監察委員	魏銀爐	曾任台南縣農會常務監事（第 6、8 屆）。
監察委員	李其財	
監察委員	柯川貝	
監察委員	陳春秋	
監察委員	周牛	曾任西港鄉農會總幹事（第 2、3、4、5 屆）。
總幹事	陳子仁	

職　稱	姓　名	背景資料
主任委員	侯吉定	曾任北門鄉長（第2、3、6屆）、台南縣議員。
副主任委員	林錦利	曾任將軍鄉農會常務監事（第3、4屆）、理事長（第5屆）。
常務委員	高連枝	
常務委員	陳慶苗	學甲鎮中洲地區人，為當地經營共成貨運行之望族。
常務委員	黃秋鐘	曾任台南縣議員（第1屆）。
管理委員	陳慶祥	曾任學甲鎮農會理事長（第3、4屆）。
管理委員	吳龍卿	
管理委員	王金練	
管理委員	黃合	
管理委員	洪志	
管理委員	林榮海	曾任北門鄉農會理事長（第7屆）。
管理委員	楊和海	
管理委員	黃安心	曾任七股鄉農會常務監事（第10屆）。
管理委員	李錦連	
管理委員	陳深江	曾任將軍鄉農會常務監事（第5屆）。
常務監察委員	魏銀爐	曾任台南縣農會常務監事（第6、8屆）。
監察委員	李其財	
監察委員	柯川貝	
監察委員	陳春秋	
監察委員	周牛	曾任西港鄉農會總幹事（第2、3、4、5屆）。
總幹事	陳子仁	

南鯤鯓代天府第三屆管理委員會（三）

民國 68 年 3 月 20 日

南鯤鯓代天府第四屆管理委員會

民國 70 年 4 月 17 日

職　稱	姓　名	背景資料
主任委員	林錦利	曾任將軍鄉農會常務監事（第 3、4 屆）、理事長（第 5 屆）。
副主任委員	高連枝	
常務委員	洪志	
常務委員	陳慶苗	學甲鎮中洲地區人，為當地經營共成貨運行之望族。
常務委員	黃秋鐘	曾任台南縣議員（第 1 屆）。
管理委員	陳慶祥	曾任學甲鎮農會理事長（第 3、4 屆）。
管理委員	吳龍卿	
管理委員	王金練	
管理委員	王石龍	
管理委員	侯耀舜	
管理委員	王連興	
管理委員	楊和海	
管理委員	黃安心	曾任七股鄉農會常務監事（第 10 屆）。
管理委員	李錦連	
管理委員	陳深江	曾任將軍鄉農會常務監事（第 5 屆）。
常務監察委員	魏銀爐	曾任台南縣農會常務監事（第 6、8 屆）。
監察委員	李其財	
監察委員	柯川貝	
監察委員	陳春秋	
監察委員	周牛	曾任西港鄉農會總幹事（第 2、3、4、5 屆）。
總幹事	陳子仁	
	陳崇顯	商人

南鯤鯓代天府第五屆管理委員會		
職　稱	姓　名	背景資料
主任委員	陳慶苗	學甲鎮中洲地區人，爲當地經營共成貨運行之望族。
副主任委員	黃秋鐘	曾任台南縣議員（第 1 屆）。
常務委員	王連興	
常務委員	洪鑾聲	曾任北門鄉長（第 10、11 屆），北門鄉代表。
常務委員	吳正雄	
管理委員	陳慶祥	曾任學甲鎮農會理事長（第 3、4 屆）。
管理委員	陳淵泉	
管理委員	王金練	
管理委員	王石龍	
管理委員	吳朱福	
管理委員	陳盛	
管理委員	楊和海	
管理委員	黃安心	曾任七股鄉農會常務監事（第 10 屆）。
管理委員	李錦連	
管理委員	黃淇荃	
常務監察委員	周牛	曾任西港鄉農會總幹事（第 2、3、4、5 屆）。
監察委員	李其財	
監察委員	黃山龍	
監察委員	吳吉雄	
監察委員	洪晏下	
總幹事	陳崇顯	商人

南鯤鯓代天府第六屆管理委員會		
		民國 78/12/30~82/12/30
職　稱	姓　名	背景資料
主任委員	黃秋鐘	曾任台南縣議員（第1屆）。
副主任委員	陳良太	
常務委員	許義雄	曾任北門鄉農會常務監事（第10屆）、理事長（第11、12屆）、北門鄉民代表會主席。
常務委員	吳正雄	
常務委員	王連興	
管理委員	吳來預	
管理委員	王石龍	
管理委員	陳新教	
管理委員	謝銀行	
管理委員	吳朱福	
管理委員	陳淵泉	
管理委員	黃淇荃	
管理委員	陳耀明	
管理委員	黃安心	曾任七股鄉農會常務監事（第10屆）。
管理委員	蔡玉清	曾任西港鄉農會理事長（第9屆）
常務監察委員	周牛	曾任西港鄉農會總幹事（第2、3、4、5屆）。
監察委員	楊耀乾	曾任學甲鎮農會理事長（第14屆）
監察委員	黃山龍	
監察委員	蔡春男	
監察委員	洪晏下	
總幹事	陳崇顯	商人

南鯤鯓代天府第七屆管理委員會

民國 83/1/1~86/12/31

職　稱	姓　名	背景資料
主任委員	黃秋鐘	曾任台南縣議員（第 1 屆）。
副主任委員	陳良太	
常務委員	許義雄	曾任北門鄉農會常務監事（第 10 屆）、理事長（第 11、12 屆）、北門鄉民代表會主席。
常務委員	吳正雄	
常務委員	王連興	
管理委員	王朝富	
管理委員	王石龍	
管理委員	陳若彭	
管理委員	謝銀行	
管理委員	黃山龍	
管理委員	陳淵泉	
管理委員	黃淇荃	
管理委員	陳耀明	
管理委員	許欽鋒	
管理委員	徐松淮	曾任西港鄉農會理事長（第 10 屆）。
常務監察委員	洪晏下	
監察委員	楊耀乾	曾任學甲鎮農會理事長（第 14 屆）。
監察委員	吳朱福	
監察委員	吳吉重	
監察委員	周牛	曾任西港鄉農會總幹事（第 2、3、4、5 屆）。
總幹事	陳崇顯	商人

南鯤鯓代天府第八屆管理委員會

民國 87/1/1~90/12/31

職　稱	姓　名	背景資料
主任委員	黃秋鐘	曾任台南縣議員（第 1 屆）。
副主任委員	陳良太	
常務委員	許義雄	曾任北門鄉農會常務監事（第 10 屆）、理事長（第 11、12 屆）、北門鄉民代表會主席。
常務委員	吳正雄	
常務委員	王連興	
管理委員	王朝富	
管理委員	王石龍	
管理委員	陳若彭	
管理委員	謝銀行	
管理委員	黃山龍	
管理委員	陳淵泉	
管理委員	黃淇荃	
管理委員	陳耀明	
管理委員	許先枝	
管理委員	徐松淮	曾任西港鄉農會理事長（第 10 屆）。
常務監察委員	洪晏下	
監察委員	楊耀乾	曾任學甲鎮農會理事長（第 14 屆）
監察委員	吳朱福	
監察委員	陳慶和	
監察委員	蔡玉崑	
總幹事	陳崇顯	商人

南鯤鯓代天府第九屆管理委員會

民國 91/1/1~94/12/31

職　稱	姓　名	背景資料
主任委員	陳良太	
副主任委員	王連興	
常務委員	許義雄	曾任北門鄉農會常務監事（第 10 屆）、理事長（第 11、12 屆）、北門鄉民代表會主席。
常務委員	吳正雄	
常務委員	許先枝	
管理委員	王朝富	
管理委員	陳風成	
管理委員	陳若彭	
管理委員	謝中成	曾任學甲鎮農會常務監事（第 10、11 屆）、理事長（第 12、13 屆）、總幹事（第 14、15 屆）。
管理委員	陳淵泉	
管理委員	黃山龍	
管理委員	陳耀明	
管理委員	黃淇荃	
管理委員	陳和對	
管理委員	徐松淮	曾任西港鄉農會理事長（第 10 屆）。
常務監察委員	洪晏下	
監察委員	楊耀乾	曾任學甲鎮農會理事長（第 14 屆）
監察委員	吳朱福	
監察委員	陳慶和	
監察委員	蔡玉崑	
總幹事	陳崇顯	商人。
	侯賢遜	曾任北門鄉公所調解委員會秘書。

南鯤鯓代天府第十屆管理委員會

民國 95/1/1~98/12/31

職　稱	姓　名	背景資料
主任委員	陳良太	
副主任委員	王連興	
常務委員	許義雄	曾任北門鄉農會常務監事（第 10 屆）、理事長（第 11、12 屆）、北門鄉民代表會主席。
常務委員	吳正雄	
常務委員	陳和對	
管理委員	王朝富	
管理委員	林協德	
管理委員	陳若彭	
管理委員	謝中成	曾任學甲鎮農會常務監事（第 10、11 屆）、理事長（第 12、13 屆）、總幹事（第 14、15 屆）。
管理委員	黃英男	
管理委員	黃山龍	
管理委員	黃淇荃	
管理委員	陳耀明	
管理委員	王聖坤	
管理委員	徐松淮	曾任西港鄉農會理事長（第 10 屆）。
常務監察委員	吳朱福	
監察委員	洪鑾聲	曾任北門鄉長（第 10、11 屆），北門鄉代表。
監察委員	楊耀乾	曾任學甲鎮農會理事長（第 14 屆）
監察委員	林坤振	
監察委員	蔡玉崑	
總幹事	侯賢遜	曾任北門鄉公所調解委員會秘書。

附錄四　南鯤鯓代天府神佛開爐辦法

（一）受理登記：

 ① 期間：自農曆十二月初一日起至翌年正月初四日上午十一時截止，逾期恕不受理。

 ② 手續：凡欲參加開爐者，每尊神佛應先捐獻新台幣參百元整，再憑感謝狀向本府祭祀祖辦理登記。

（二）接受開爐神佛：

 李、池、吳、朱、范府千歲，虎將軍、佛祖、註生娘娘、中軍府、福德爺、城隍爺、萬善爺等十二尊開爐神佛。

（三）開爐日期：

 每年農曆正月初四日中午十二時，在拜亭設置龍案桌，假案桌前舉行。

（四）開爐辦法：

 ① 依照登記順序，分項在龍案桌前求筊，以求筊數多寡而決定。

 ② 每項最多得筊數者，奉迎該項之開基神佛金身，次多者依下列所定次序，奉迎各項之神佛金身。

 Ⅰ. 開基李府千歲：開基二大王、開基三大王、開基四大王、開基五大王、大王夫人。

 Ⅱ. 開基池府千歲：開基五百力池王、開基鹿港池王、開基保生池王、開基新池王、開基新二池王、池王夫人。

 Ⅲ. 開基吳府千歲：開基二三王、開基三三王、開基四三王、開基五三王、開基六三王、開基新五三王、開基副三王、三王夫人。

 Ⅳ. 開基朱府千歲：開基新朱王、開基二朱王、開基三朱王、開基四朱王、開基五朱王、朱王夫人。

  V. 開基范府千歲：開基二范王、開基三范王、開基四范王、開基五范王、范王夫人。

  VI. 開基大虎將：開基二虎將、開基三虎將、開基四虎將、開基五虎將。

  VII. 開基佛祖：開基二佛祖、開基三佛祖、開基四佛祖、開基五佛祖。

  VIII. 開基註生娘娘：開基二註生娘娘、開基三註生娘娘、舊四註生娘娘、舊五註生娘娘。

  IX. 開基中軍府：舊二中軍府、舊三中軍府、舊四中軍府、舊五中軍府。

  X. 開基福德爺：舊二福德爺、舊三福德爺、舊四福德爺、舊五福德爺。

  XI. 開基城隍爺：舊二城隍爺、舊三城隍爺、舊四城隍爺、舊五城隍爺。

  XII. 開基萬善爺：開基二萬善爺、開基三萬善爺、開基四萬善爺、開基五萬善爺。

（五）奉迎期限：

  自開爐日起至農曆正月十一日上午九時止，為期七天。

（六）當選開基神佛（像）者，贈紙匾，當選十八尊在內者，贈送紀念彩。

（七）奉迎手續：

  請攜帶國民身份證及印章三份（不可同一住址），向本府奉迎部辦理奉迎手續，然後憑據至神殿前迎請神佛金身，本府準備鼓吹奉送至中庭。

（八）凡參加開爐者，不論登記尊數多寡，每名一律贈送紀念彩乙支。

（九）獻敬禮物：

  奉迎開基神佛者，另備三牲酒禮獻敬，為方便計，由本府統籌代辦，金額為新台幣伍佰元，獻敬後一併帶回。

（十）本辦法如有未盡事宜，在開爐前本府得以隨時修正補充之。

附錄五 鯤鯓王出巡澎湖之台灣護駕宮廟參加及隊伍排序表

\【鯤鯓王出巡澎湖】台灣護駕宮廟參加及隊伍排序表			
編　號	宮廟名稱	職　稱	姓　名
1	台北代天壇	主任委員	高俊雄（台北市）
2	屏東代天宮	主任委員	郭祈在（屏東市）
3	台北五王聯誼會	會長	江輝勝（板橋市）
5	高雄仁和宮	主任委員	侯慶義（高雄市）
6	內田見龍宮	主任委員	邱永圳（嘉義布袋鎮）
7	新店紹徽宮	主任委員	黃春茂（嘉義路竹鄉）
8	布袋嘉應廟	主任委員	蔡清忠（嘉義布袋鎮）
9	永康保安宮	主任委員	謝清吉（永康市）
10	大村龍聖堂	主任委員	許金生（彰化大村鄉）
11	板橋北天宮	主任委員	何文勝（板橋市）
12	高雄代天宮	董事長	蔡定邦（高雄市）
13	蚵寮保安宮	主任委員	王英昌（北門鄉）
15	霧峰福天宮	主任委員	何定認（南投霧峰鄉）
16	國姓玉明宮	主任委員	黃金龍（南投國姓鄉）
16	大園五王宮	主任委員	曾國偉（桃園大園鄉）
16	神岡玉明宮	主任委員	吳貞修（台中神岡）

17	龍井永順宮	主任委員	陳進爵（台中龍井鄉）
18	台南安平宮	主任委員	黃水木（台南市）
19	御展代天府	主任委員	張曜麟（宜蘭冬山鄉）
20	泰源東安宮	主任委員	張徐郎（台東東河鄉）
21	暹羅代天宮	董事長	賴南興（泰國）
22	台北慈安宮	主任委員	周火煌（台北萬華）
23	北門永隆宮	主任委員	王正義（台南北門）
此編號爲台灣護駕宮廟隊伍排序之代表號碼			
【支援】			
哨角	大里福興宮〔註1〕	董事長	林修文
獅陣	內田見龍宮	主任委員	邱永圳
北營	內田見龍宮	隊長	黃俊雄

〔註 1〕 大里福興宮爲南鯤鯓代天府分靈泰國之暹羅代天宮的姊妹廟，因此福興宮亦
比照辦理，將南鯤鯓代天府視爲其母廟，於出巡活動中支援其信徒組織，哨
角隊。

附錄六　鯤鯓王出巡澎湖之參與陣頭

		陣頭別						
編號	宮廟名稱	一	二	三	四	五	六	七
A	南鯤鯓代天府	轎前鼓、吹	出巡儀仗	哨角	北管	獅陣	高蹺隊	十二婆姐
01	台北代天壇	響天鼓	龍陣	北管	神將			
02	屏東代天宮	轎前鼓	牛犁歌團					
03	台北五王聯誼會	轎前鼓	大旗陣					
05	高雄仁和宮	轎前鼓	開路鼓	素蘭小姐				
06	內田見龍宮	轎前鼓、吹						
07	新店紹徽宮	轎前鼓	土風舞					
08	布袋嘉應廟	轎前鼓	蜈蚣鼓					
09	永康保安宮	轎前鼓	電音團					
10	大村龍聖堂		響天鼓					

表標題：【鯤鯓王出巡澎湖】參與陣頭一覽表

11	板橋 北天宮	轎前鼓	獅陣				
12	高雄 代天宮	轎前鼓					
13	蚵寮 保安宮		開路鼓				
15	霧峰 福天宮		大鼓陣				
16	國姓 玉明宮	開路鼓	北管	哨角			
	大園五王宮						
	神岡 玉明宮						
17	龍井 永順宮	大旗陣	北管				
18	台南 安平宮	轎前鼓	落地吹	繡旗隊			
19	御展 代天府	轎前鼓	北管				
20	泰源 東安宮	轎前鼓	公背婆				
21	暹羅 代天宮	轎前鼓					
22	台北 慈安宮	轎前鼓					
23	北門 永隆宮	轎前鼓	內山 姑娘				

附錄七　2008 鯤鯓王平安鹽祭
活動時程表

2008 鯤鯓王平安鹽祭活動時程表

時　間		活動內容		地　點
	07:30~11:20	平安鹽祭活動祈福儀式		廣場舞台區/道壇
	8:45~10:40	2008 鯤鯓王平安鹽祭 南鯤鯓大鯤園開園　　　聯合開幕儀式 全國龍獅藝陣錦標賽		廣場舞台區
10 月 18 日	9:00~20:00	雲嘉南美食與旅遊特展		雲嘉南美食旅遊特展區
	10:00~17:00	全國龍獅藝陣錦標賽		大鯤園前廣場
	10:00~19:00	限量發送平安鹽袋（每整點發送）		廣場鹽袋發送區
	10:00~17:00	鹽意象區		廣場鹽意象區
	10:00~17:00	祈福意象區		廣場祈福區
	14:00~17:00	民俗文化區	14:00~15:00　畫糖教學活動 16:00~17:00　童玩教學活動	廣場民俗區
	13:00~18:00	DIY 區	13:00~14:00　彩繪蚵殼 15:00~16:00　七彩鹽罐 16:00~18:00　鹽磚雕刻	鯤瀛館 DIY 區
	10:00~18:00	雲嘉南鳥類生態特展與影片欣賞		鯤瀛館
	15:30~17:00	文化采風嘉年華：宋江陣／官將首／啦啦隊		廣場舞台區

	時間	活動		地點
	18:30~21:00	平安鹽祭晚會：星光 2 勢力／泰國魔幻秀／米兒絲／異國舞蹈搖滾曼波／火焰之舞／Sonic Fire 樂團		廣場舞台區
10月19日	10:00~20:00	雲嘉南美食與旅遊展		雲嘉南美食旅遊特展區
	10:00~17:00	全國龍獅藝陣嘉年華		大鯤園前廣場
	10:00~19:00	限量發送平安鹽袋（每整點發送）		廣場鹽袋發送區
	10:00~17:00	鹽意象區		廣場鹽意象區
	10:00~17:00	祈福意象區		廣場祈福區
	10:00~17:00	民俗文化區	10:00~11:00　捏麵人教學活動 14:00~15:00　草編教學活動 16:00~17:00　糖葫蘆教學活動	廣場民俗區
	11:00~18:00	DIY 區	11:00~12:00　七彩鹽罐 13:00~14:00　彩繪蚵殼 15:00~16:00　七彩鹽罐 16:00~18:00　鹽磚雕刻	鯤瀛館 DIY 區
	10:00~18:00	雲嘉南鳥類生態特展與影片欣賞		鯤瀛館
	10:00~12:00	文化采風嘉年華：民俗舞蹈/特技扯鈴/小丑魔術表演/小貓王 LIVE 秀/國標舞		廣場舞台區
	14:00~16:30	文化采風嘉年華：中國戲法/鐵獅玉玲瓏/狗狗特技表演/YOYO 蝴蝶姐姐+草莓姊姊		廣場舞台區
	18:30~19:10	平安鹽快遞遠播國內外		廣場舞台區
	19:10~21:00	平安鹽祭晚會：超偶幫/蕭煌奇/超級大牌模仿秀/紅磨坊拉丁舞秀/蒙古特技表演		廣場舞台區
	21:00~21:30	閉幕祈福煙火表演		廣場舞台區

2008 鯤鯓王平安鹽祭場地配置圖

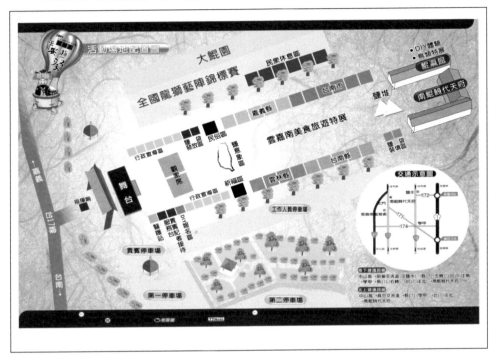

資料來源：2008 鯤鯓王平安鹽祭文宣。

附錄八 2009 鯤鯓王平安鹽祭
活動時程表

2009 鯤鯓王平安鹽祭活動時程表

時　間		活動內容	地　點
11月14日	08:00~11:00	平安鹽祭祈福開幕儀式	南鯤鯓代天府（舞台區）
	10:00~18:00	整點限量發送平安鹽福袋（17:00為最後場次）	南鯤鯓代天府（廣場區）
		雲嘉南旅遊美食伴手禮展售	
		鹽主題區活動	
		大鯤園免費參觀	大鯤園
	11:00~17:00	兩岸龍獅藝陣嘉年華	大鯤園前廣場
	11:00~18:00	魅力四射啦啦隊表演	南鯤鯓代天府（舞台區）
		驚奇魔幻秀	
		民俗藝陣及神偶踩街表演	
	13:00~17:00	博杯送鹽袋挑戰	南鯤鯓代天府（拜亭）
11月15日	10:00~18:00	整點限量發送平安鹽福袋（17:00為最後場次）	南鯤鯓代天府（廣場區）
		雲嘉南旅遊美食伴手禮展售	
		鹽主題區活動	
		大鯤園免費參觀	大鯤園

10:00~15:30	兩岸龍獅藝陣嘉年華	大鯤園前廣場
10:00~12:00 13:00~17:00	博杯送鹽袋挑戰	南鯤鯓代天府（拜亭）
15:30~16:00	平安鹽宅急便遠播國內外	南鯤鯓代天府（廣場區）
11:00~18:00	文化采風嘉年華 樂團 LIVE 秀 烏克蘭星光特技秀 民俗藝陣及神偶踩街表演	南鯤鯓代天府（舞台區）

資料來源：2009 鯤鯓王平安鹽祭文宣。

2009 鯤鯓王平安鹽祭場地配置圖

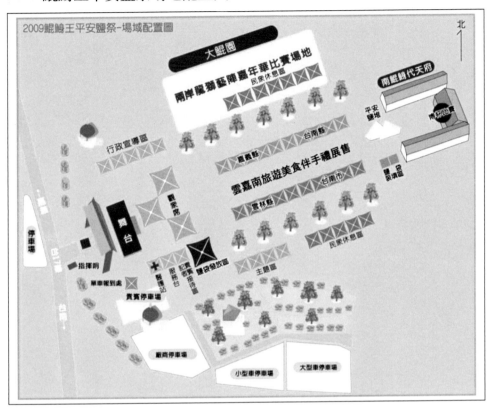

資料來源：2009 鯤鯓王平安鹽祭文宣

附錄九　照　片

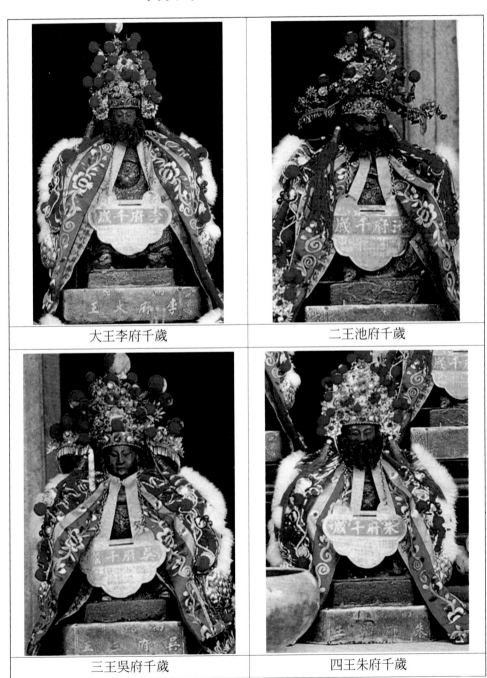

大王李府千歲

二王池府千歲

三王吳府千歲

四王朱府千歲

五王范府千歲〔註1〕

▲ 進香人潮　　　　　　　　　　　　　　　方眞眞攝於 2007/10

〔註 1〕 〈五府千歲的由來〉，照片出處：
http://fff1314999.blogspot.com/2009/07/blog-post_24.html?showComment=12633
46894343_AIe9_BERYtrrI-lUAIBqBd4KklNQVzPBkFPqlhGnlGaG0FA1T9ju8x
X2rYIst8hSeiK4AemaRoOuoUNWony1QX0j36xzUYJ0wd07q13vMe36vNAMF4
EVAhW0fgFINQUUnyIRea3ahUUD4Ssw19OKmrIvNPASG1qHpNr3_SzTcVXv
GC_Y6PwiZusUHH4wBQO3lY04V2VhLVQhoG3Qp9y_zh3J4pC8VKCCsA#c38
88550704850181806 （瀏覽日期：2010/01/13）

▲　進香人潮　　　　　　　　　　　　方眞眞攝於 2007/10

▲　香條區　　　　　　　　　　　　　本研究攝於 2008/10/18

▲ 過年期間的人潮　　　　　　　　　　　本研究攝於 2009/1/29

▲ 大鯤園文化園區　　　　　　　　　　　本研究攝於 2008/10/18

▲　大鯤園內部　　　　　　　　　　　　　　本研究攝於 2009/11/15

▲　鯤鯓王平安鹽祭　　　　　　　　　　　本研究攝於 2009/11/15

▲ 檳榔山莊〔註1〕

▲ 萬善堂〔註2〕

〔註1〕「檳榔山莊044」，照片出處：
http://www.flickr.com/photos/95606721@N00/483663372
（瀏覽日期：2010/01/13）

〔註2〕〈台灣王爺總廟～南鯤鯓代天府〉照片出處：
http://leeleelin.blogspot.com/2013/07/blog-post_30.html（瀏覽日期：2010/01/13）

▲ 鎮狩宮陣頭〔註3〕

▲ 過平安橋〔註4〕

〔註 3〕 「2009 南鯤鯓平安鹽祭_鎮狩宮陣頭」
　　　　照片出處：http://www.flickr.com/photos/bookalice/4126045825
　　　　（瀏覽日期：2010/01/13）
〔註 4〕 「R050 南鯤鯓代天府七星蜈蚣陣」
　　　　照片出處：http://www.flickr.com/photos/lu_s/406327914
　　　　（瀏覽日期：2010/01/13）